# 台灣靈乩傳奇

## 從劉培中到黃阿寬

### 彭嘉煒 著

文史哲出版社印行

國家圖書館出版品預行編目資料

台灣靈乩傳奇：從劉培中到黃阿寬 / 彭嘉煒著.
-- 初版 -- 臺北市：文史哲出版社，
民 112.08
頁；　公分
ISBN 978-986-314-649-0（平裝）

1.CST：民間信仰　2. CST：人物志
3.CST：台灣

271.9　　　　　　　　　　　　112012778

# 台灣靈乩傳奇

## 從劉培中到黃阿寬

著　　者：彭　　　嘉　　　煒
出 版 者：文　史　哲　出　版　社
http://www.lapen.com.tw
e-mail：lapen@ms74.hinet.net
登記證字號：行政院新聞局版臺業字五三三七號
發 行 人：彭　　　　正　　　　雄
發 行 所：文　史　哲　出　版　社
印 刷 者：文　史　哲　出　版　社
臺北市羅斯福路一段七十二巷四號
郵政劃撥帳號：一六一八〇一七五
電話886-2-23511028・傳真886-2-23965656

### 定價新臺幣二六〇元

二〇二三年（民一一二）八月初版

# 自　序

## 靈山我獨行（Maverick）

正同黃阿寬住持及天元道派一樣，我決定走自己的路。

我會下此決心，得自黃阿寬住持的啟示。黃阿寬兀自隱居修行於石碇龍虎山天明宮愚人精舍，無論外界怎麼看待，或褒或貶，他全然不在意，自許是「憨人」，一切「聽天由命」。上天要他完成天元道脈三台建置之後，放棄名、利、權三相歸隱山林，他照做了，如今以 92 歲高齡獨領風騷於台灣靈乩界，無人出其右。

我於民國 102 年（2013）由時任新北市道教會理事長高天文的引見，認識了黃阿寬住持，並得地緣之便，從此經常造訪石碇天明宮，蹲點近 10 年，期間還曾有 2 年在天明宮田地上種菜，兩度用親種

的九層塔包水餃給來此上課的眾師兄姐食用。此外，也利用此十年時間，取得輔仁大學宗教學碩、博士學位。日久見真情，漸漸地，黃住持打開心結接納我，並替我取一綽號「牽牛仔」。此一綽號源自愚人精舍牆上一幅《老子騎牛過關圖》，圖中所繪的是老子騎青牛過函谷關，而最特別的是前導有一位童子牽牛，因緣聚會，引發黃住持的靈感，遂稱呼我為「牽牛仔」。

有牽牛牧童，就有載人的青牛，而真正「牛」與「童」名稱的確立，是「海博」的介入，有他不時地向黃住持的請益之行，才逐漸圓成《老子騎牛過關圖》的完美畫面。在我的妄想中，黃住持就是牛背上的老子，海博是青牛，而我則是牽牛的牧童，對影成三人，高掛在愚人精舍的牆上，彼此間的關係更加密切。

每次打電話給黃住持報上：「我是牽牛仔啦！」他都會反問我：「彭仔，牛是牽到叼位去啦？」因為又有好長一段時日未上山請益充電了。

海博最後一次的請益之行，我因有事缺席了未同往，他獨自一人上山向黃住持問安，並致贈大紅袍一罐給黃住持品嚐。此後，一直沒有海博的消

息，連 WeChat（微信）和 Line 都不讀不回，打電話問黃住持有無海博的消息，他也反問我：「啊恁是把牛牽到叨位去？」

一日，我上山造訪黃住持，他說近日打電話給海博，竟然是海博的兒子接的電話，表明他的父親海博已病逝，聞言我不禁大吃一驚。任誰都沒想到，我上次缺席的請益之旅，竟成永別之憾！聽聞海博身後留下不少遺產，對比他生前的儉樸，著實令人無法置信。對此，黃住持感慨地說道：「彭仔，人生無常，一切皆空，趕緊修行吧！」一語驚醒夢中人：這不就是黃阿寬與天元道脈所奉行的上天旨意嗎！

民國 111 年（2022）10 月 21-22 日在淡水真理大學舉行〈台灣宗教學會 2022 年會暨「當世賢者——宗教典範人物」學術研討會，我發表了《黃阿寬與台灣靈乩》論文。淡水區長巫宗仁在開幕式上台致詞，盛讚本會期有兩篇論文與淡水地方有關，他表示非常高興。這兩篇論文寫的是馬偕醫師與黃阿寬，百年難遇的二位宗教典範人物，前後輝映，相應成趣。中央研究院研究員丁仁傑特別過來財經學院 311 室聽《台灣民間信仰》這場發表會，

一進會場他當眾高喊：「彭先生您好厲害，採訪得到黃阿寬！」其實他不知道我是一步一腳印，辛苦達成採訪任務的。至於相對的，黃阿寬與天元道脈，也是一步一步按部就班地實踐與完成上蒼所交付的聖命。

黃阿寬用盡一生的心力，不忮不求，做個憨人，只為了與上蒼不變的約定，自 39 歲起奉道修行，信守承諾逾五十年，他的精神與毅力著實令人感佩！如今他仍傲然獨立於台灣靈乩界，是前輩靈乩中「二十八選一」碩果僅存的一位，真箇應驗了「二十八聖留一仁」的讖語。黃阿寬自劉培中手中接下「九宮白陽聖命，帶領著天元道脈應二十一世紀白陽時期的來臨，肩負引導萬靈歸宗、返本還元的時代使命。

靈山我獨行！從劉培中到黃阿寬，台灣靈乩們用一生編織了台灣靈乩史詩最燦爛的一頁。

從愚人精舍出來，庭院裡的茶花已謝了春紅，換上了濃郁飄散的七里香味，循著味道前行，耳邊不禁響起美國女歌手女神卡卡 Lady Gaga 所演唱的電影《捍衛戰士 Top Gun：獨行俠 Maverick》主題曲《牽我的手 Hold My Hand》：Hold my hand, everything will be okay, ........., I heard from the heavens.............。

民國 102 年（2013）由時任新北市道教會理事長高天文（左）
引見，筆者（右）結識了淡水天元宮開山住持黃阿寬（中）。
（攝於石碇天明宮愚人精舍）

# 台灣靈乩演義
## ——從劉培中到黃阿寬

## 目　次

自　序：靈山我獨行（Maverick）……………………1

壹、導　論……………………………………………9

貳、台灣靈乩的肇始………………………………13

參、劉培中、黃阿寬與台灣前輩靈乩們……21

　　一、劉培中的職使與傳承……………………23

　　二、黃阿寬的靈乩使命………………………36

　　三、黃阿寬與劉培中…………………………47

　　四、黃阿寬與陳玉霞…………………………50

　　五、黃阿寬與方李霞…………………………57

　　六、劉培中、陳玉霞與高天文……………62

　　七、黃阿寬與其他靈乩………………………66

肆、民國 67 年淡水天元宮靈光大會（誤傳為
　　靈乩鬥法事件）…………………………73

　　一、靈乩鬥法事件之論文門 …………… 75

　　二、黃阿寬與謝光男 ………………… 80

**伍、台灣靈乩的方向與目標** ………… 85

　　一、預測武漢肺炎疫情 ……………… 88

　　二、從道家自許到成立道家學院 ……… 91

**陸、黃阿寬的道與詩** ………………… 95

　　一、究竟境界：即心、即佛、即道……… 98

　　二、聖文開示道家性命雙修 ………… 101

**柒、結　語** ………………………… 107

　　一、總統誰屬：雙雄贈匾各表心跡… 109

　　二、黃阿寬：習近平「半套」大同命… 114

　　三、從劉培中到黃阿寬 VS 從「抗中
　　　　保台」到「和平保台」 …………… 119

　　四、從邱國正的「宮廟義勇軍」到
　　　　林右昌的「宮廟大整頓」………… 123

**參考書目** …………………………… 125

**後　記** ……………………………… 127

# 壹、導　論

　　台灣會靈山運動，是近代台灣新興宗教中特有的一頁，台灣靈乩也是台灣特有種，非巫、非覡、非童乩，更非所謂的薩滿。根據《中國道教大辭典》的解釋，巫、覡都是一種稱謂，古代稱呼能以歌舞降神的人。《國語・楚》中也有說：「在男曰覡，在女曰巫。」另外，台灣一般所稱的乩童是屬於靈媒的一種，負責人與鬼、神之間的溝通，通常由神附身到人的身上，以預言吉凶禍福，並展示靈驗。但是，乩童並非正統道教產物，屬於華人民間信仰之巫術，常依附於佛教、道教等信仰對象。至於康熙字典則謂，薩滿是跳神作法的男巫。台灣靈乩就是台灣靈乩，自成一格，發源於大陸，綻放於台灣，有淵源但又本土化。

　　民國 45 年（1956）大道降旨蓬萊寶島，五老帶來無極修煉法門，赴全台各地科選宮廟靈乩，台

灣才開始有靈乩的稱謂。台灣靈乩各領天命，赴全省各地自行發展，開枝散葉。他（她）們翩翩起舞，各自擅場，絢爛而奪目。

　　時至今日，只有淡水天元宮開山住持黃阿寬碩果僅存，傲然挺立於台灣靈乩界，他循著「舞動、入靜、歸真、空寂、究竟」的自性靈山法門修持，以五十餘年不變心志與承諾，奉領大道「九宮白陽」聖命。黃阿寬以「憨人」自居，並聽天由命地循著玄玄老祖的指示依此次第修行。至於上天誥示的聖文，由黃阿寬代書的神來之筆，意即受神託文，至今已逾一萬多卷，由信眾編纂成 50 冊，預計陸續將完成 100 冊之編輯，以備未來天元道脈教育訓練之用。

　　到如今 92 歲高齡的黃阿寬依舊筆耕聖文不輟，編纂成《白陽真詮》來帶領、教育天元道脈的信眾自性自渡，以修成聖乩為目標。黃阿寬與台灣前輩靈乩們精彩燦爛的人生故事，以及他（她）們之間的互動關係，至今仍為世人所津津樂道。至於台灣靈乩未來的方向目標，亦即最終何去何從？更受到世人的關注與期待。

　　本書是一部「定義的書」，不是「預測的書」，由此定義，來溯源、回顧，再並往前看，為台灣靈乩作一個時代見證。歷來學界多以西方的邏輯和框架來分析評論台灣靈乩，其結果是：並未能全盤了解台灣靈乩的本質，所發出的論述均不夠周延與到位，吾人必須以台灣本土的觀念為進路，所論述才能到位而周延，也就是「接地氣」。

　　本書與其說是一部研究台灣靈乩的文章，無寧說是一本有關於台灣靈乩發展的田野調查實錄，是一部深入天元道脈與黃阿寬的「道藏」與道門實踐的生活紀錄。

　　本書是從黃阿寬與天元道脈的視角，看台灣靈乩七十多年來的發展樣態，有別於其他如陳玉霞的菊元道脈、賴宗賢的中華大道及方李霞的木公系統等支脈雜音，而用正確的台灣靈乩語言來發聲，以杜外道人士指手劃腳的悠悠眾口。

　　基於此，我決定走自己的路，重返事件現場，還原事實真相。對於台灣靈乩的無極法門，黃阿寬一直強調，現世是一個第三空間的新紀元，也就是一個無極法門的時代！

黃阿寬以五十餘年不變心志與承諾，奉領並實踐大道「九宮白陽」聖命。背後牆上掛著平生斬妖除魔所使用的太極劍。（筆者攝影）

# 貳、台灣靈乩的肇始

　　台灣靈乩的肇造，起源於民國 45 年（1956）大道降天意於林邊道一宮，台灣才開始有靈乩法門（即無極法門），也才開始有靈乩之名，替天行使大道命。「台灣靈乩肇始說」是筆者在民國 101 年（2012）12 月 9 日於淡水天元宮採訪黃阿寬時首次聽到。（參見拙文《台灣全真道的現況與發展：以謝光男、巫平仁、陳理義為例》，2014 年輔大碩士論文，頁 20。）黃阿寬表示，民國 45 年（1956）農曆 3 月 15 日大道欲整頓娑婆，於是降天意於林邊道一宮（當年有石碑為證），台灣才開始有靈乩。

民國 45 年（1956）農曆 3 月 15 日大道降旨林邊道一宮五老帶領大道天命下達蓬萊（即台灣），為台灣靈乩的筆始。（筆者攝影）

　　根據天元道派〈無極天元道脈重要聖事與聖務運作記事表〉聖文所示：「大道四五八九開，五老帶命到蓬萊。」意謂於民國 45 年五老帶領大道天命下達蓬萊（即台灣），五老即東方（木公）東華帝君、西方（金母）西華帝君、南方（赤精）南華帝君、北方（水精）北華帝君及中央（黃老）中華帝君。（參見黃阿寬，《白陽真詮‧自性篇第一卷》，2022.2）五老領命在全台各地「科選」優秀靈乩，以便行使九宮白陽聖命。當時科選方式，據劉培中講述：有形的選才「十中選一」，無形的選才「二十八選一」。故而，坊間很多傳言例如陳玉霞於 16 歲（1937 年）即出山替信眾辦事之說，並不符合民國 45 年（1956）為台灣靈乩肇始的天命格局。就算有，也是後天巫覡、童乩之流，絕非先天靈乩的無極法門，不可混為一談！

　　職此之故，台灣在民國 45 年（1956）以後才有靈乩及靈乩之名，而在此之前只有童乩（乩童）。此兩者的差異在於，童乩是訓練出來的，靈乩則是無師自通。至於來附身為何？靈乩辦重要的事時，神明本尊會來降佔（借）乩身講話，否則一般辦事大多是靈乩本身自性靈顯現；童乩辦事時，到底是

神鬼陰靈何者來附，就不得而知了。簡而言之，乩童與靈乩最大的差異，在於靈乩是無極法門，屬先天；乩童是皇極法門，屬後天。

在五老科選過程中，曾獲「試煉」的人士包括有劉培中（1883-1975）、黃阿寬、黃紫微、陳玉霞（1921-1979）、方李霞（1912-1981）、許秋霞（1906-1999）、高玉霞、囝仔仙、陳善周、陳坤寶等前輩靈乩。至於降臨的位所，黃阿寬則另有一番解釋，根據多年的考察、溯源，他聲稱大道天命最先降臨在宜蘭礁溪的蘭陽勝觀，之後才陸續轉降宜蘭頭城九股山莊嚴道場、玉尊宮、瀘源寺等宮廟，以及雲林西天寺、台南烏山頭水庫、屏東縣林邊道一宮等全省 28 個地方，並科選應運靈乩，最後「二十八聖留一仁」，所謂「仁」即仁者無敵。其中，蘭陽勝觀地理環境位於台灣東北邊，領玄天上帝命，執行玄天上帝職使。現今，屏東林邊道一宮正殿龍邊藍白色大理石上仍刻著農曆 45 年 3 月 15 日即是大道降命之日。

綜觀台灣靈乩幾十年來發展情狀，可知每位靈乩都不約而同地自建一套修行和神靈體系，故而會靈山呈現多樣性系統，這就是靈山派不易整合的原

因，人人各占山頭，自圓其說，也各領風騷。當然，這足以代表台灣多元宗教文化下多重面貌的展現。

眾靈乩各領天命分散全台各地獨立發展，其一切行事作為必須符合上天遴選的條件，放棄名、利、權三相、啟建修行道場。靈山本無師，而道法自然，各靈乩之間互不相統屬，並無師承關係。所以，並沒有所謂的「誰是誰的老師」、「誰點化誰」的情事，坊間流傳的說法都是極大的誤解！

靈乩肩負大義，不得謀私利，若有棄公營私、貪圖名利權勢者，其靈性法力很快就被上天（五老）所收回，甚至連命都沒了，如囝仔仙就是最好例證。如此數十年下來，行事作為沒到位未中選的靈乩一一凋零，只有高齡 92 歲的淡水天元宮開山住持黃阿寬，是前輩靈乩中「二十八選一」碩果僅存的一位，至今仍傲然獨立於台灣靈乩界，真箇應驗了「二十八聖留一仁」的讖語。

近年來學界對於台灣靈乩的研究，坊間一般流行「靈乩三系統」之說。此說係源自學者鄭志明詮釋「靈乩」之看法，他表示，靈乩認為眾生的靈都是來自靈界，但是在累世的輪迴中，失去了與靈界訊息的聯繫，所以，靈乩主要的宗教使命，就是「靈

山復古收圓」，讓眾生都可以達到與靈體合一的境界，各歸自己的靈山本脈。此一說法，與嘉義無極聖苑陳坤寶（真玄皇）對於靈乩的詮釋，基本上是一致的。

但鄭志明認為，靈乩這種完成天命回歸本位的宗教運動，主要受到台灣三種民間宗教系統如一貫道、鸞堂及慈惠堂等三系統的影響。但是，依黃阿寬的認知，台灣在民國 45 年大道降旨林邊道一宮之後，才有靈乩之名與無極法門，自此，慈惠堂靈乩系統方才應運而生。至於，一貫道、鸞堂二大系統的修行法門，實與台灣靈乩系統大相逕庭，不可混為一談，也就是說，修行法門不同即道不同，道不同不相為謀，是以台灣靈乩並未受到一貫道、鸞堂的影響，而是自成一個系統，走自己的路。我們且看黃阿寬代筆的上天所降聖文如下：

八八天命宣化，九九收圓瞬間，趁早勤修功果，承天應命回鄉。

如上所言，一般坊間對於台灣靈乩的見解，與黃阿寬、天元道脈的「自性靈山」論述，乃同中有異。質實言之，靈乩「復古收圓」而各歸靈山本脈

的職使，主要是在「度己」而非「度人」，換言之，
靈乩是先求度自己，行有餘力，再求度人，但度人
非本命職使！

# 叁、劉培中、黃阿寬與台灣
# 前輩靈乩們

　　黃阿寬與台灣前輩靈乩之間的互動關係，以跟劉培中、陳玉霞、方李霞三者關係最受外界關注，其中又以「劉培中交付『九宮白陽』聖命給黃阿寬」，以及「陳玉霞是黃阿寬的老師」、「方李霞點化黃阿寬」等三件事，最為學界及後輩所津津樂道，但其中的來龍去脈、是非曲直，坊間傳言並不一定正確，必須一一加以辨明。我們透過天元道脈的師兄姐從早年陪同黃阿寬出門辦聖事的老前輩口中探得其中原委，絕非外道的一面之詞或邊見所可比擬。

劉培中大師聖像。（翻拍自《仙宗要義講記》）

# 一、劉培中的職使與傳承

　　台灣靈乩的肇造，劉培中絕對是肩負使命的優質先發者，由於他的薪火相傳，使得台灣境內的儒、道、釋三教修行界及神職人員產生翻江倒海的結構變化。劉培中（1883-1975）紹傳的「九宮白陽聖命」原係在崑崙山所承接，隨後到蓬萊（台灣）來運作。即以淡水天元宮為基地的天元道脈為例，其開山住持黃阿寬聲稱係「**大屯透崑崙，崑崙透大屯**」，意謂此一道脈從大陸沈入台灣海峽到台灣，綿綿相連不絕。

　　劉培中原是老總統蔣介石的國師，擅長後天五術，19 歲時任職於清朝欽天監，1949 年限隨國民黨政府撤退來台。民國 45 年（1956），五老奉領上天聖命下蓬萊科選靈乩運作「白陽聖命」，劉培中是關鍵傳承人物。

　　民國 52 年 2 月 17 日，劉培中成立「中國社會行為研究社」，創立崑崙仙宗，自許為三清教下玉虛門人仙宗崑崙派玄門，傳授學習崑崙仙宗教義及科學靜坐道功拳劍等身心健康之法，以達成社會心理之健全，進而影響社會行為，恢復傳統固有道

德，發揚民族文化。民國 63 年，位於劍潭的中華
崑崙道苑落成啟用，以供門下弟子及有心修煉者聚
集團練之用。其後，又有再傳弟子成立中華崑崙仙
宗道功研究會，進一步推廣崑崙仙宗教義及科學靜
坐的理論與實踐。如今，門下弟子遍台灣，可謂桃
李滿天下，代代相傳。

## （一）劉培中的「詩與道」

　　靈乩們與神明感通而降文，或者是彼此間的
「會照」，早期多以詩歌題材呈現。劉培中在講授
修煉課程，都會由門下資深弟子先在黑（白）板上
寫下一首詩，以提示當日課程的總綱大意，接著隨
順題綱而細細講解分明。弟子將每篇講義依序整理
校對，再把每次所作詩列於卷首，最終編纂成冊而
為口授心傳的《仙宗要義講記》，第二卷總計 55
講，係自民國58年起到62年10月為止的授課講義，
這是劉培中所傳修煉心法中最重要的講記之一，深
受修煉家們的高度重視。

　　《仙宗要義講記》中每一講的卷首、卷中或卷
尾都有劉培中的詩作，可說是每篇文章的題旨大綱
兼結論，提綱挈領，把全文要旨畫龍點睛地表達出

來，讓研讀者一目了然。詩作的內容論點大致分述
如下：

## 1.末世救劫論

　　劉培中《仙宗要義講記》一書中的詩作內容首
先要傳達的論點，莫過於「末世救劫論」，這是一
般宗教家及宗教組織的弘教布道的緣由。檢視以下
詩作，其題旨大綱即一目了然：

> 師授靈真妙無窮，三清即是太虛空。
> 如宇宙能識破，救度末劫指掌中。
> 古洞拜見一尊顏，笑面授我玄內闡。
> 悟開崑崙頂上光，如服世間萬靈丹。
> （頁 144）

> 天時天機誰先知，何不急早悟道基。
> 東岐復元五千載，春回大地妙真諦。
> 入世救劫時時難，師命東岐度有緣。
> 日時常流痛心淚，仙體對木玄奧談。
> （頁 145）

> 玄門建立是事難，祖命師訓時有傳。
> 乾坤世界皆破碎，浩劫橫災遍大千。

只因日月皆有損，倫理道義顛倒顛。
甲寅雷速又出現，震動干戈整理難。
（頁 148）

真言妙語授緣人，正逢末劫傳道真。
明指仙宗玄奧理，靜中求真悟崑崙。
三妙東岐度萬象，甲寅日損大半沈。
世界混亂魔鬼盡，丁巳方見太平春。
（頁 95）

紅魔起時何是家，海浪捲動萬處花。
但聞雷聲震川響，那時方知道無差。
白陽星光暗又明，紅陽交替起怪風。
臺島黑雲三千丈，大陸長江萬里紅。
白骨遍地誰人顧，處處哭聲天地驚。
何言神鬼有靈在，電光一著化無蹤。
道子靜心靈臺守，自有諸佛護仙童。
（頁 129）

上述詩作的重點，落在紅陽與白陽期交替的當
口，人類進入末劫時期，大陸政治情勢風雲變色，
共產黨步步進逼，國民黨節節敗退，最終大陸失守，

劉培中肩負師命隨國民政府播遷來台，入世救劫、東渡有緣，傳授崑崙仙宗的修煉法門，以匡正世道人心，力挽道德倫常於既倒。劉培中不時諄諄告誡門下弟子，唯有靜心守靈台，自有仙佛護身，以達到防災、消災的目的。

## 2.修煉禦災論

劉培中的講記中，幾乎都在標榜修煉道功的益處，修煉道功妙用無窮，不但可以禦災防身，還是一條不折不扣的長生之路。講記中有關的謁詩如下：

> 道功妙用實無窮，須由靈真尋化生。
> 清靜無為長生路，心空自生無字經。
> 祖命玄都來東岐，救劫度眾立根基。
> 傳授仙宗長壽客，同證玄門悟真諦。
> （頁138）
>
> 人生百年一剎那，功名富貴似曇花。
> 只待三寸真氣斷，身伴土垃性無家。
> 甲寅開始當留心，須知末劫天滅人。
> 乙卯人死無其數，魔竹消盡整乾坤。
> （頁139）

大道自古妙無窮，天地關竅有萬能。
本身能真合宇宙，萬物生化在掌中。
玄妙原由六神來，世界電能有安排。
以電養電電引電，能將乾坤翻過來。
成道成仙有何難，三才電能緊相連。
誰人悟開電化理，玄奧全由人生來。
（頁 130）

十朝靈山九參玄，八次悟開須彌山。
七星伴月找覺路，六合乾坤妙無窮。
五四闡明三才徑，二一為道證金仙。
有人悟開謁中語，玄門參拜老尊年。
可歎亂世難傳真，那有誠心求道人。
何人識得末劫苦，悟開竅真列崑崙。
真玄一點難又難，參透真玄是金仙。
明師難遇真道少，道家時想繼道仙。
（頁 100）

　　上述幾則謁詩說明吾人須詳參關竅、細尋元真，方可成道而永續長生。道功的妙用無窮，人身是小天地，能真合宇宙電能，即可以旋乾轉坤，成道成仙，唯修道必須不斷學習與參悟，人若果真能

開悟電化之理，襲取天地關竅之能，萬物生化自然在掌握之中，救度末劫就在指掌之間。

如何修煉禦災？劉培中的《講記，頁 126》中有提示「修道的玄妙法秘訣」：即用玄奧規助靈吸收南斗、北斗元真合一，能預知人的生死及避劫妙法；以玄奧規助靈合天上五行星及地上五嶽，即能改換奇經八脈的凡質；以靈合了長庚星即能妙算無遺；用靈同水瓶星座合一則智慧高超；以靈合日月增加本身陰陽電能。所以以身合天地（即天人合一）之妙用即在此點，並非盲目而用。

劉培中解釋道家天人合一之妙用，即是以在人的第三腦室（靈台）後三分的一個竅點名「玄奧規」，以此助靈吸收每晚九點出現於西方大而明亮的長庚星之精華，即能知過去未來；以此每晚九至十點吸取水瓶星座精華即可增長智慧；每晚十一至十二時吸收南斗、北斗二星即能預知世人生死劫運並可趨吉避凶。以上所示，即是劉培中所謂的修煉禦災的實際操作法，他深信依法修煉，必能禦災保身，逢凶化吉。

## 3.甲寅年台、陸、日大劫論

　　為了救度末劫，劉培中提出修煉防災論，在此防災理論中有一段「甲寅年大劫」的預言，以下我們摘錄書內各講中的有關詩句：

> 真言妙語授緣人，正逢末劫傳道真。
> 明指仙宗玄奧理，靜中求真悟崑崙。
> 三妙東岐度萬象，甲寅日損大半沈。
> 世界混亂魔鬼盡，丁巳方見太平春。
> （頁95）

> 皇極經世元數完，惡魔攪亂天地翻。
> 世界人心都改變，道德倫常顛倒顛。
> 甲寅末劫九處起，世界滅共定岐山。
> 只聞震天一聲響，崩山海嘯霧滿天。
> 四十九日光重現，十分之一只存三。
> 道德倫理安天下，中華統一太平年。
> （頁96）

> 一夢醒來九十年，識透先天與後天。
> 師命傳授無上道，為此孤身來東南。
> 天上日損人心變，月漏使得世淒慘。

癸丑甲寅天地震，世界損人十之三。

水火風劫如全過，十分之人存二三。

根源之子拭淚看，始知本身大羅仙。

（頁 38）

　　劉培中《講記》所發議論，從末世救劫到修煉禦災，係以傳授道家修煉法門為最終目的，並自救劫禦災言論中，發出「甲寅年大災劫」的預言。此項預言，係劉培中的師尊所示，指點劉培中到達海島（即台灣）時即是末劫，此劫在甲寅、乙卯即至，特別囑咐大家自忍自靜不可貪心，吸取日月星及山嶽靈氣圓成金丹之道，以求避禍長生。問題是民國 63 年（1974，歲次甲寅）、64（1975，歲次乙卯）並未出現大災劫，反倒是劉培中於 64 年仙逝了。於是有人預測此一大災劫是否會在下一個甲寅年發生呢？

　　檢視下一個甲寅年即民國 123 年（2034，歲次甲寅），劉培中《講記》預言：「甲寅乙卯天地翻覆」，須經三年後才能復員，此乃「天計地元之數」，人力無法回天。另外，還強調「甲寅年海嘯水高 32 公尺，日、台、大陸沿海大劫人死無算，天地混亂

無法控制」，勸導世人靜心修煉以避災劫，方能轉危為安。屆時到底會不會如上所述發生大災劫，且讓我們拭目以待。

## （二）現代化科學語言詮釋舉例

劉培中所傳授的道家修煉法門，其最大的特色，是跳脫傳統文言文艱澀難懂的窠臼，以現代化科學性的話語，作深入而淺出地詮釋，讓一般學者都能深切體悟而著手修煉，積之漸久，不論在心性、身體上都得到淨化而精進。劉培中所傳授的修煉方法論，有非常先進而前衛的詮釋。試舉其大端如下：

### 1.太虛而太空

自唐以降，有關修煉功夫方面的語言，若能達到最上一乘的境界，就出現「太虛」、「太空」的名詞，明代三一教主林龍江（名兆恩，以別號行）甚至提出「太虛而太空」的概念。何謂「太虛」？何謂「太空」？實在難以明白解釋讓有心修煉者聽懂，而一般凡夫更是丈二金剛摸不著頭，到了明代修煉家林龍江竟更出現了「太虛而太空」的概念，

落實到修煉功夫上，究竟該如何下手？千百年來一直沒有真正精確到位的解釋，到了劉培中大師做到了！

劉培中大師將數千年來的道家絕學，用通俗易懂的文字、最近代化的科學名辭、最新的電子學理論闡述，來發掘人生生化真諦與天人合一的大道大法！此中最佳例證就是完滿周延地解釋了「太虛而太空」的修煉功法，直讓修煉者醍醐灌頂，豁然貫通。自唐以降，修煉家到了最上一乘功序，莫不有太虛、太空的概念，直到明代三一教主林龍江（兆恩）更提出「太虛而太空」的說法。此一說法落實到修煉功法上如何作解？劉培中大師驚天一出，一語道破！

劉培中口授《仙宗要義講記·第二卷》中有解釋說：「大腦頂端形如蓮花中間塊，道家曰太清。腦的立體下方有腦樑，在樑下弓上的第三腦室，道家曰太空。大小腦中間有四丘體，道家曰太虛。」他又強調，四丘體（西醫稱四疊體）就是道家所謂的「玄關」，第三腦室就是「靈台」。如何下手修煉才是「太虛而太空」呢？其實，就是「以靈會玄」

——「以靈台會玄關」。劉培中教導弟子在靜坐中分上、中、下三式作實際操練：

(1)內心清靜，閉於外不可聽聲，慎於內不可想事，守靈台感覺電能至，須以靈會玄，自然任督二脈調和，前後輕動，不可加速，慢慢搖動，靜數三百六十五次。

(2)次由脊骨三十一節前行分包胎元，以後再由脊骨左右三十一對神經分包至胎元，至此收胎元一百零八次，須輕微不用力，但可收到盡處為一次。

(3)再守陰蹻輕微上提而收腸骨動脈，立刻感覺陰蹻下端上翹，輕微貼住仙骨使地下靈真進入骨髓，以此七十二次，切記用力。

(4)此靜功上、中、下為一次，而全在亥、寅二時用功，六十天立下基礎，自覺體輕靈，最要慎重恭謹而坐不輕率。

以上所述，就是劉培中大師所傳授的〈靜坐長生金仙要訣〉。此訣所謂的靈台在前而玄關在後，故而靜坐時須前後輕搖，以靈台會觸玄關，就是以靈會玄，也就是太虛而太空的功法。劉培中開示弟子：靈台，生理學曰第三腦室，科學曰神經發源總系，位於大腦中間，形如蓮子而中心有靈體。玄關，

是大小腦中間的神經總樞，科學曰四丘體，醫學曰四疊體，通連周身三百八十四條神經線。道家所稱「守一」，即是守靈台。

　　另外，劉培中大師還傳授有〈修仙捷徑秘訣〉有云：大腦後連小腦，大腦三十六瓣，大腦七十二瓣，中為腦溝。大腦頂中間為方寸，在崑崙頂骨下，科學曰：神經發源總系，道曰靈台。小腦後連脊髓至尾閭及三十一對神經，與延髓合一中有壽命線一條，延髓上頭與大腦腳連為一體。再者，靈台下對陰蹻中連胎元（肚臍），而胎元為全身關竅的總樞，收胎元用胎呼吸則是胎息（亦即守下丹田吐納，也稱內呼吸）。靈台與天合，陰蹻自然與地合，守任何一竅則全身通合天地的元真，就是三才合一之功。

## 2.性命雙修與靈修

　　東方所謂的「修煉」，即修行與煉身合稱，也就是修心性與煉身體之合名。西方語言則叫「靈修」，意即靈性的修行。

　　西方靈修，最知名的人物莫過於艾克哈（Johannes Eckhart 或稱 Meister Eckhart，1260-1327/8），他是中世紀狄奧尼修派神秘主義

（Dionysian mysticism）的代表人物，其最受矚目的論述是「超脫」與「捨空」（詳見《艾克哈研究》，陳德光，2013），並強調「靈智的空無，空於人才能滿於神」。他倡言「突破入神元」，因神「有為」、神元「無為」，神元最適合的名稱是「一」、「至一」、「太一」、「歸一」，而「神就是一」。

艾克哈所講的「神元」，其實就類比於東方修煉家所說的「元神」。道家所謂的「元神」，其實又稱為「太乙（太乙真炁）」，也就是呂仙祖《太乙金華宗旨》一書教育信徒要抱元守一的「一」。金華即光，也就是先天太乙真炁。啟動光的運轉，使圍繞全身的真炁皆往頭上「玄關」集中，就是回光。修煉要回光逆向注想天心，天心即玄關。守玄關，則本性、元神現。

劉培中大師說，「道言守一即是守靈台，此點為神經發源總系。」守一之效即是借靈體之妙、腦波之功，以得通天透地三才合一的功效。

## 二、黃阿寬的靈乩使命

黃阿寬早年從事家俱生意，因經營有道，賺了不少錢，於是購車、買房地，生活頗為愜意，平時

酷愛釣魚。時年 39 歲的黃阿寬有一天在八里海邊釣魚，無意間看見空中出現「無極」二字，原本不在意，但在收竿回程的路上，偶遇一間名「無極宮」的靈乩在辦事，黃阿寬好奇地佇足觀看，不經意地告訴旁人說降臨的是那尊神明，後來辦事的靈乩請示是何尊神聖降乩，果然言中，在場的所有人無不嘖嘖稱奇。就這樣，黃阿寬開始他的靈乩生涯，自此刻起走進他靈乩的一生。他受日本教育，不識ㄅ、ㄆ、ㄇ、ㄈ，後來所寫詩文完全是受神降筆託文。

　　外傳黃阿寬介入宗教係因他原是一貫道道親，經查此說並非事實。會造成外界誤會，黃阿寬解釋指出，由於蕭天讚在一貫道爭取合法化過程中出力不少，在其組織內聲望、人緣頗佳，復因黃、蕭二人熟識，於是經常借用淡水天元宮辦法會或是新進成員集會活動，因而造成外界誤認為早年黃阿寬是一貫道成員，但其實他早年只是一個拿香跟拜的家具商人而已。

　　黃阿寬自述他的修持法門是無極法門，屬先天法門，也是自性法門，且有相體才有，而自性人人平等。他常常告誡天元道脈同修表示，人人自有一本真經不去開發，卻還唸給仙佛聽是不對的，故而

天元道脈所屬宮廟不誦經、不拜懺。吾人修持到成道的過程、境界，就是一部真經。所以，身外無佛，必須修持自我本心，向外求必無所得。

靈即元靈，乩即體，所謂靈乩即元靈之體，此體人人具足，非由外鑠，神來即動，神去即止，所以靈乩要開發成為聖乩。如何成為聖乩？黃阿寬表示，即須開發自性光能，恢復本來面目，讓自性顯現。又如何恢復本來面目、讓自性顯現？即須尋求放馳的本心（真心），所以靈乩要修。吾人背負著障礙導致智慧（自性）不出，須透過修持而臻成智慧，待智慧開發出來即能成為大覺者，大覺者能與天地訊息同參，叫做先知。黃阿寬的靈乩使命概述如下：

## （一）承接八八聖命完成元、明、真三台道場

神學思想跟數學一樣，連小數點都不能錯，一旦錯了，就會「竹篙鬥菜刀」、「張飛打岳飛」，失之毫釐、謬以千里了。靈乩學，不是巫術，更不是靈魂學，它是一套完備的「復古收圓」修煉學。黃阿寬與天元道脈自有一套完備的靈乩神學論述，

神明系統與道脈源流都清清楚楚，如法而合典，有條不紊。

天元道脈元、明、真三台道場五十三單元神聖名號一覽表（表一）

| 宮廟名稱 | 單元 | 神聖名號 | 備考 |
|---|---|---|---|
| 無極天元宮 | 10 | 玄靈玉皇、天皇、地皇、人皇、李先翁、天元太保阿彌陀佛、南海觀音佛、呂仙祖、關聖帝君、濟空活佛 | 位於淡水 |
| 無極天明宮 | 20 | 一炁玄童、道德天尊、玄靈高上帝、三佛同盟、金龍星君、黃龍星君、十二圓覺、二十八性、三十六元、天地法祖、福圓地母、鳳凰母、無上佛、三官大帝、地藏王、呂仙祖、降龍、伏虎、三千護法、福德正神 | 位於石碇 |
| 無極真元天壇 | 23 | 一樓：玄玄一炁、玄靈玉皇、北極玄天、瑤池金母、虛空地母、九天玄母<br>二樓：無上佛、無上元、無上真<br>三樓：金光玉皇、托塔李靖、王天君<br>四樓：木公、金母、赤精、水精、黃老<br>五樓：鴻鈞聖祖、太陽、太陰、元始天尊、靈寶天尊、道德天尊 | 位於淡水 |

　　根據天元道脈的論述，自民國 45 年（1956）3 月大道降旨蓬萊（即寶島台灣），天命使者（即黃阿寬）在民國 60 年（歲次辛亥）承接無上旨爸爸天命，爸爸天命即「八八天命」，係玄玄一炁無極聖祖所下達的無上旨命，由五老帶命下天山，由天命使者承命，歷經五十餘年遵從天意中道而行，聽天由命運行聖務，備受考驗至今未變質，直到民國 103 年（歲次甲午）才獲上蒼肯定，由五老奉無極聖祖旨命下達聖諭：「八八天命，蓬萊真基」，意謂八八天命運行的樞紐已確切定位在淡水天元宮（天山聖城）。及至 111 年（歲次壬寅）上蒼又聖示：「二十八聖留一仁奉命行使」，明示經由二十八聖選一的結果，唯一（即黃阿寬）受肯定承命八八天命，未來整個聖務運作進入道政合一，眾多上蒼使者領命下凡，配合八八天命的運作，意謂上蒼號召文人、賢人、有德之士陸續進入聖門配合運作聖務。

　　學界最早對黃阿寬與天元道脈有較完整論述的是李峰銘，可惜他虎頭蛇尾，始亂之而終棄之，因對黃阿寬及天元道脈的了解不夠深入，抑或聽信外道的片面之詞未作平衡報導，發出錯誤的認知論述，最終誤入歧途，以致無法自圓其說，就胡亂地

宣判黃阿寬之靈乩生命的結束，以及天元道脈的隱沒。然而，時間証明了李氏之論的誤謬！

最令人費解的是，李氏的輔大碩士論文中竟將黃阿寬歸屬於方李霞這條木公系統點化下的弟子，並把方李霞建立的無極紫天宮定調為孕育靈乩重要的搖籃。李峰銘為了編派黃阿寬為木公系統之列，他居然罔顧事實，不實地進行踏查，就以己意移花接木，竟然硬生生地將黃可寬與天元道脈的神學體系曲解為「由木公一炁返老化三童，三童顯化三佛」，最後以無極老祖取代木公，由拜木公改宗拜老祖。他說：

> 黃阿寬是屬於方美霞這條系統點化下的弟子。方美霞建的宮廟位在士林仰德大道旁的無極紫天宮，是孕育靈乩重要的搖籃。無極紫天宮主神是東方木公，木公棄老還童，一炁化成三童子，也就是「木公返老還童」的意思。三童子或簡稱「三童」是辨識此條靈乩系統的重要象徵。在黃阿寬的所建立的兩座靈山道場：淡水無極天元宮與石碇無極天宮，都有「三童」所化現的另一種造型：「三

佛」。「三佛」指得是「無上佛」、「無上元」、「無上真」，合稱「自性三聖」。同時是靈山自性的象徵。這是黃阿寬對傳統木公神學體系的推進，由木公一炁返老化三童，三童顯化三佛，為佛子的象徵，是佛性＝自性＝本性的源頭，此源頭在靈山，是內在靈山的轉化。後來阿寬將木公以無極老祖代替，其木公傳承的體系遂隱沒在淡水無極天元宮與石碇無極天明宮的神學教義裡頭。（李峰銘，《如入靈山不為動：淡水無極天元宮之靈乩觀點的一種揭示》，2008，頁 116）

上文李峰銘將黃阿寬歸屬到木公系統且為方李霞點化下的弟子，直接被前新北市道教會理事長、靈乩協會創辦人的高天文直接「打臉」。高天文斬釘截鐵地說：「伊（指黃阿寬）從來不曾拜木公啊！」而且，道不同不相為謀，儘管方李霞年紀較長，但各人所領天命不同，如何可說黃阿寬受方李霞點化呢？更何況，這完全只是方李霞及其弟子信徒的一面之詞，難道學術論文就不用「平衡報導」嗎？黃

阿寬以堅定的語氣表示，李峰銘從未找過他，根本
不認識這個人！

　　再者，李峰銘特別強調「木公棄老還童，一炁
化成三童子」之說，這是最大的誤謬！翻遍整部《道
藏》就沒有「木公棄老還童」的典故，更沒有「一
炁化成三童子」的論述，宗教界及學界只有「一炁
化三清（元始天尊、靈寶天尊、道德天尊）」的說
法。東方木公（東華帝君）就是東方木公，如何而
化成三童子？三童子又化成三佛？翻遍整部《大藏
經》也見不到「三童化三佛」的典故！

　　況且，黃阿寬住持還在世，天元道脈也自訓有
講師備用，官網上更敘述得清楚明瞭，學界欲研究
天元道脈神學體系，自須親訪問道，一探便了了分
明，如何而能如此張冠李戴、移花接木？傳抄者也
不明究裡直接引用，此等作法，實在令人匪夷所
思。如此誤謬的罪責，該由誰來擔？

石碇無極天明宮正殿主神「一炁玄童世尊」。（筆者攝影）

## （二）棄名利權三相隱居石碇 天明宮龍虎山

在黃阿寬完成元、明、真三台道場之後，上天指示他必須放棄名、利、權三相，尋找有三棵「福圓樹」的風水寶地隱居。幾經查訪，終於在新北市石碇區北宜路五段火燒樟巷 10 鄰 9 之 1（天明宮現址）的蔡家古厝覓得。此地原本蔡家打算修建蔡氏宗祠，而大家長蔡阿媽原本就是天元道脈的信徒效勞生，一聽黃住持要隱居於此，經家族同意後決定捐出啟建為道場，於是就有了如今的無極天明宮，而黃阿寬即在天明宮旁另外闢建「愚人精舍」，作為隱居修行之所，一直住到現在。天明宮所處的地界，黃阿寬將其命名為「龍虎山」，乃取自道家內丹修煉之法——龍虎交媾之意，也就是標示此地為天元道脈修行之地。

石碇天明宮龍虎山被黃阿寬選定為隱居修煉道家隱居修煉之地，乃風水寶地，好地好地寶，選地。（筆者攝影）

　　石碇龍虎山天明宮為何被黃阿寬選定為隱居修行之地？其實此處真乃道家修煉的上好的三陰之地。悟道真子著《道士行》一書中有所謂「三陰之地」，何謂三陰？即樹蔭、坡陰及水陰。地陰意謂坡面向北方；樹蔭意謂樹林密集不見天日；水陰意即地下有水脈（泉水龍脈）。

　　石碇天明宮的地界上有棟石頭砌建的蔡家古厝，已有二百多年歷史，此處就正好符合三陰之地的條件，遂被蔡姓先祖選定為建屋居住之所。此處最特別的地方，就是廚房地下有口深井，其泉水清澈無比、終年不枯，二百多年來源源不絕。就道家風水來說，三陰之地必有五鬼運財之路，即是會有5 個叉路連接這塊地。也正因如此，蔡姓家族二百多年來據此而繁榮發達、開枝散葉。

　　民國 69 年（1980），天明宮福圓精舍於 2 月13 日完工啟用，無上三佛安座登籠。緊接著在民國72 年（1983），無極天明宮於 5 月開工動土，8 月15 日神尊安座登籠。據天明宮主事蔡師姐回憶表示，當年天明宮地下一層、地上三層建物總經費約二千萬元，如此龐大的金額原先都不知從何而來？但大家秉持著黃住持所說的：「有天命必有道庫，

道庫寄在眾生」訓示，一切建設從容就緒、大力開展。

　　「住持講的真正有夠靈驗！從建宮通告發出之後開始，每天遊覽車就往返不斷，來自全省香客絡繹不絕，有遠自高雄的、花蓮的，一百、二百的捐，一直到建宮完成，捐款正好抵付建設經費。不過，說也奇怪，一旦蓋廟完成，車潮、人潮也就沒了！」蔡師姐娓娓道出建宮秘聞。

## 三、黃阿寬與劉培中

　　劉培中於 1975 年 4 月 9 日仙逝，在過世之前考慮健康因素，決定將大道天命「九宮白陽」聖務交付給黃阿寬繼續運作。在台北市五條通宿舍裡，劉培中將「九宮白陽」書寫在紅色小紙片上，準備交付黃阿寬，當年還有其他人在現場，陳玉霞就是其中之一，她十分好奇地搶過紅紙片觀看，端詳良久看不懂，就轉交給黃阿寬，黃阿寬接過紅紙片一看，隨即捻紙微笑，心中有底，立刻端正衣襟承領「龍華三會、九宮白陽」的聖命。

　　我們還原當年現場，事實是如此：劉培中準備交付「九宮白陽」聖命予黃阿寬接手運作，不料現場陳玉霞搶過紅紙片觀看，不解其意後轉交給黃阿寬。此事經一再口耳相傳，變成「劉培中交給陳玉霞，陳玉霞再交給黃阿寬」的傳承歷史公案，演變到最後，竟變成「陳玉霞是黃阿寬的老師」的訛傳，甚至積非成是，讓人百口莫辯。黃阿寬特別強調，「九宮白陽聖命」是劉培中親自交付的，絕非外傳的陳玉霞所託交。

## （一）天元聖文：「三三轉八九」

　　黃阿寬所降一篇聖文中有一句令人費解的「三三轉八九」詩文，原先不得其解，後來無意間在天明宮聽到一位師兄講解謂：「八九就是民國 109 年啦！」那麼，按照時序來推算，所謂「三三」應該就是民國 45 年。民國 45 年是台灣靈乩的肇始之年，發展到民國 109 年（2020），已到了一個轉捩點，也就是「天盤」轉「人盤」運作的時刻，怎料新冠（武漢）肺炎肆虐，至今三年有餘，所以黃阿寬感慨地說他已經推遲了三年，癸卯年（民國 112）才開始運作！

　　說巧不巧，也正好是在民國 109 年劉培中大師的元靈由基隆港水遁回大陸,民國 38 年他的元靈即由基隆港水遁過台灣的。他臨行前曾來託夢,夢中特別演示了一套太極拳,筆者看了在一旁竊笑不已,心中暗忖:「根本亂打!」劉大師表演完畢,用毛巾邊擦汗邊問筆者:「你是否覺得我在亂打?」其實,他老人家打的那一套太極拳是無招勝有招,非陳非楊,跟一般常見的演示大異其趣。他解釋說只要「起手式」對就對了,接下來就無招勝有招,如如而進。

　　提到劉培中大師的「無招勝有招」,很巧的是新科中研院院士李豐楙教授也有過同樣的經驗。李老師回憶表示,早年他曾陪同太極拳名家熊衛老師拜訪劉培中大師,劉大師也同樣在他們面前表演一套太極拳,竟然也是發出跟筆者同樣的疑問:沒有招式套路的太極拳!有此一相同的經驗,李豐楙老師遂確認筆者真的是「神交古人」!然而,筆者更在意的是,109 年那一年劉培中大師水解回大陸中土,與黃阿寬住持所降聖文「三三轉八九」究竟有何連結?所代表的意義為何?筆者深信,這種巧合絕非偶然。

# 四、黃阿寬與陳玉霞

　　黃阿寬與陳玉霞二人之間，坊間的靈乩傳說，始終糾結在陳玉霞是黃阿寬的老師此一問題上，因為除了陳玉霞的年紀稍長於黃阿寬之外，還有陳玉霞自號「上天老師」，使外界自然聯想到黃阿寬師從陳玉霞，但實際情況並非如此。據老輩靈乩的描述表示，前輩二十八賢靈乩依照各自所領天命執行之，彼此之間沒有師承關係，而陳玉霞自恃甚高，屢屢挑戰黃阿寬，亟欲與黃住持比試道法高低，結果適得其反，自陷於危難之中，反而須要黃阿寬解救。

## （一）陳玉霞事略

　　陳玉霞是「三霞」中真正會「靈通」的前輩靈乩，但黃阿寬認為她只知後天，不懂先天，出道之初須配「鈸」才會舞動唱聖文。她的元靈是白蛇（即白蛇轉世），上天原囑意她來輔助完成大道命的推行。至於，另二位高玉霞（天元宮創建元老之一的張秋波之妻）或許秋霞及方李霞則不會靈通。

　　陳玉霞是在松山區四獸山的天寶聖道宮（1962年建立）認識了黃阿寬，其後才跟著道友到淡水天元宮拜會，自此交陪甚殷。

　　陳玉霞自命為「上天老師」，門下弟子須跪著奉茶她才會喝，出門拜訪下遊覽車弟子也須趴在地上讓她墊腳才肯下車。若碰到弟子行為不合她意，會厲聲斥責，甚至掌摑頭面，毫不留情。中國道教經典研究會理事長陳邱玉珠道長回憶表示，聽聞陳玉霞平常喜穿金戴銀，一身珠光寶氣，表現虛華，曾帶領交陪友宮人士前往日本參訪廟寺，佛寺名稱記不得了。據友宮前輩描述推判，陳玉霞一直表彰她的神學溯源來自日本菊元道脈，到日本尋根謁祖是很自然的事，這也難怪她對所建廟宇之命名，始終鍾情於「寺」的原因，在台灣靈乩界屬於特立獨行的一支。

　　民國 67 年淡水天元宮舉行第一屆靈光大會之後，眾會員靈乩決議第二屆移師花蓮會靈，於是全省靈乩集聚花蓮勝安宮。此期間陳玉霞私下與謝光男等後輩靈乩閒話家常，她抱怨要修建宮廟很缺錢，還自詡「我就是母娘啦」，當下遭謝光男等人的斥責勸她不可亂講話，並指著她的鼻子說：「妳

死了！妳死了！」不料一語成讖，隔年的端午節，
陳玉霞竟然就真的吃鹹粽噎死了，令人不勝欷噓。

陳玉霞平日喜歡盛妝打扮、珠光寶氣。她自設八卦竹台，欲
與黃阿寬比試高下，結果身陷其中出不來，靠黃阿寬解救才
被放出。（左圖：翻拍自妙法寺掛像、右圖：筆者攝影）

## （二）黃阿寬與陳玉霞

　　黃阿寬聲稱陳玉霞為白蛇轉世（元靈是白蛇），主要任務是輔助大道天命的運作推行。據早年跟隨黃阿寬領辦聖務的老效勞生描述，陳玉霞生前時常造訪淡水天元宮及黃阿寬，主要目的是為了收集資料而來。她為人非常自負但不慈悲，自稱上天老師，平常對徒弟很凶而嚴苛，動輒打罵。坊間有學者根據台南六甲龍鳳寺的信徒口述歷史所憶，聲稱生長於日治時代的陳玉霞自小就通靈精於「點地脈」法術，16歲（1937年）即出門替鄉鄰消災解厄，還遭日本警察的追捕。但根據其子沈國晉表示，母親陳玉霞原係家庭主婦，37歲（1958年）時才出山替人辦事祭解，當年他8歲就跟在母親身邊，從未聽說過母親在少女時代即出門辦事。由此可見，坊間傳聞並不符合事實，信徒造神意味濃厚。

　　靈乩之間是否存有鬥法之事，其實是有的，但絕非在靈光大會上所可班比，而是私下找假想對手較量試法，例如陳玉霞就經常單挑黃阿寬，欲與黃阿寬比試高下。據淡水天元宮老效勞生聲稱，陳玉霞卻時常恃才傲物，一天到晚想著跟黃阿寬比試法

術高低--即真正的鬥法，結果常常適得其反，讓自己陷入困境，例如：

1.陳玉霞在新北市石門區橫山里用竹子搭建八卦台，原意欲斬斷淡水天元宮的龍脈，不料卻「作法自閉」，竟然被困在台內沒門出來，由於當年電話並不普及，陳玉霞的手下親信趕緊打電話給任職於造船廠的張秋波，要黃阿寬前來搭救，黃阿寬帶著幾張蓋有「天元」字樣的金紙到場焚化後，立刻將陳玉霞釋放出來。當時陳玉霞還反嗆黃阿寬敢不敢上八卦台，黃阿寬回道有何不敢，立馬登上八卦台，卻安然無事，令在場人士無不佩服。

2.另有一次，陳玉霞在阿里山一間宮廟辦事，遭白蛇附體不肯出來，致使陳玉霞竟像蛇一樣在地上「蠕蠕爬」，旁觀者皆大驚失色，不知所措。此番受困，親信又趕緊電告張秋波請求黃阿寬來解救，黃阿寬專程南下趕赴現場搭救，陳才告脫困。陳玉霞有位徒弟到天元宮參拜，在廟埕邊碎碎唸，話題內容即指陳玉霞是黃阿寬的老師云云，不料竟不明原因休克昏倒在地，眾人一時不知所措，後來也是靠黃阿寬到場解救而甦醒。

3.據淡水天元宮老志工描述，淡水天元宮在籌建之初，名稱未定，眾聲喧嘩，陳玉霞最搶光，吵著要定名為「寺」。孰料黃阿寬被玄靈高上帝降駕附身，一腳踏上桌立正一呼，定調為「宮」，遂命名為天元宮，並立為天下第一宮。陳玉霞心有不甘，嗣後她所建宮廟，皆定名為寺，如石門妙法寺、台南龍鳳寺，特立獨行，有別於一般道教宮廟。

　　黃阿寬與陳玉霞之間的鬥法恩怨，外人看得一頭霧水，加上部份學界研究者「烏龍踮桌」把陳玉霞說成是黃阿寬的老師！其實，前輩靈乩各領各的天命，彼此間只有良性的「會照」，並沒有互爭高下之別。對於黃、陳之間的糾葛，筆者喜歡用股票分析邏輯來觀察：黃阿寬一生，不論利多、利空如何掩面而至，他依然一路長紅到底，就好比台積電一樣，堪稱靈乩界的「護國神山」；反觀陳玉霞則不然，她在志得意滿之時自稱「上天老師」，隨後利多出盡、利空罩頂，不但自身意外香消玉殞，連她建立所謂的菊元道脈，也被門下許姓弟子借殼上市後，市場派趕走公司派，最後連公司名稱都遭變更，自此一代靈乩及其道脈也就消聲匿跡於靈乩界。

　　陳玉霞自命為「上天老師」，視才傲物，目空一切；黃阿寬卻反向謙卑矜持，自稱「憨人」，一切「聽天由命」。路遙知馬力，日久見人心，此二者的修為，實已高下立判，無庸置疑。

　　在創建道脈的圖騰方面，陳玉霞也曾參酌天元宮空間建構的模型，有意無意之間加以仿效。中國道教經典研究會理事長陳邱玉珠道長回憶表示，年輕時即常常聽聞陳玉霞平日愛美喜妝扮，一身珠光寶氣，幾位前輩道友曾跟隨陳玉霞到日本溯源參訪一間規模不小的佛寺，但忘了佛寺名稱。陳邱理事長所說的日本佛寺，是不是就是陳玉霞所稱其道脈來源──「菊元」呢？但問題是，陳玉霞所標誌的「菊元道脈」的代表圖像，竟然與淡水天元宮內靈乩協會創會辦公室牆上的菊花圖騰及白陽道盤菊台，前後兩者十分類似。陳玉霞自訂菊花圖騰為其道脈的「道花」，並聲稱其脈源來自日本，可見她的傳承混雜，並非劉培中從中原天山帶過來的嫡傳，無怪乎門庭日漸凋零，終至隕沒。

# 五、黃阿寬與方李霞

　　黃阿寬與方李霞二人之間的糾葛，主要在於坊間傳聞方李霞點化過黃阿寬，並有學者將黃阿寬併入東方木公系統，於是衍生出一椿「木公棄老還童」、「一炁化三童」、「三童化三佛」、「玄玄老祖取代木公」的錯誤神學體系。此椿烏龍公案後繼傳抄者竟多不察，依樣畫葫蘆，甚至有積非成是之勢，其精彩度不下與陳玉霞之間的謬誤。

## (一)方李霞事略

　　方李霞，本名李霞，嫁入方家冠夫姓，故名。充任靈乩神職人員之前，原是旅社的「內將（即旅店內女性服務人員）」。方李霞病歿之後，由弟弟李訓南接手宮廟管理，其綽號為「阿南仔」，原以開計程車為業，兼差在酒家圍事管理店內的「小姐」，曾因心慈手軟先後放走店內二位少齡的女子。民國 101 年（2012）12 月 12 日下午筆者前往士林新生慈惠堂——紫天宮採訪李訓南。李訓南自述，年輕時遊刃於黑白兩道、不事生產，在酒家圍事，賭客一支牌給抽頭一元。民國 55 年，李訓南 37 歲

頓悟「菜蟲吃菜菜腳死」的道理，毅然決然毀掉被綁定「查某間」的少女賣身契，放走 16、17 歲的少女回鄉去從良學裁縫、理髮。李訓南也從此煙酒不沾只喝白開水，元配於民國 81 年去世，之後又有兩次婚姻，80 歲時還生女兒。

　　方李霞後因洗腎所費不貲，原本打算賣掉紫天宮廟產的一半籌措醫藥費，無奈交易未完成就撒手西歸，紫天宮——慈惠堂就由完全不懂神事的李訓南接手。沒有靈乩辦事收入，宮務漸走下坡，致門前冷落，香火暗淡，最後不得已將廂房出租，以租金抵付宮內水電費用。李訓南稱其姐方李霞先前從事特種行業，旗下帶著十餘位小姐服務旅社的客人。紫天宮建成啟用，因方李霞要洗腎無暇管理宮務，本想請外人，後來李訓南自動請纓來顧宮。

方李霞原屬花蓮慈惠堂大明分堂，宮內主祀即金母系統，其母李霞歿其後員，由其弟方木公瑤池金母李霞歿其後，配祀亦於一○七年往生。方李訓南接管。（筆者攝影）

李訓南

李訓南回憶表示，慈惠堂——紫天宮在建宮之前，曾有台南佳里的一位邱師父受神明乩示「木公降臨現址」，但因官邸在下方，於是屢蓋屢拆，經十餘年終於蓋成，靈乩界有名的「九龍九鳳」在此領旨，黃阿寬、吳德同等則是第二批。每回木公降臨時，三霞都有前來拜謁。李訓南指出，九龍九鳳中只認識「三鳳」，「大鳳」是萬應白花油創辦人顏玉瑩的夫人劉崑珠；「二鳳」是國產實業集團老董林燈的元配林雪玉；「三鳳」則是王諸回的妻妾之一。上述的三鳳，都是當時社會上赫赫有名人士的配偶，即便是王諸回的小妾「三鳳」，據傳士林官邸的土地原來全是她家的後花園。

　　最早，方李霞的出線，係因緣際會擔綱陳仙洲的「馬前卒、報馬仔」而露臉。陳仙洲自臺灣省警務處長（自 1953 年 6 月至 1955 年 12 月）退休後，轉任中華民國道教會理事長。方李霞靠著陳仙洲的

支持，積極拓展人脈關係，打出一片天。黃阿寬表示，陳仙洲任理事長期間，方李霞與之交陪甚密，陳當時係政府派任，經常赴全省會員宮廟巡視，方李霞為開路先鋒打點一切。她的年紀約大黃阿寬一、二歲，辦事不算靈驗。

事實上，方李霞原屬慈惠堂大明分堂，一向即為慈惠堂金母系統成員，宮內主祀瑤池金母，其後配祀東方木公，外界聲稱方李霞主祀木公，其實是一大誤解。民國 62 年（1973）花蓮慈惠堂成立第一屆堂務委員會，本堂委員及各地分堂堂主同獻「代母宣化」匾額給總堂主任委員傅來乞以資紀念。當年，方李霞即以台北市新生慈惠堂堂主身份加入堂務委員會。由此可證，方李霞一向都隸屬於金母系統，木公是後來才加入祭拜之列的。

當然，跟其他前輩靈乩一樣，方李霞也是後繼有人的。但她所傳的系統有二：

一為靈乩系統，包括有南港無極明聖宮的辜翁素雲、新店無極皇意宮高陳桔、新店無極東華聖宮林雪玉（二鳳）、石碇無極紫天聖華宮洪雪貞、松山聖德慈惠堂李碧招、台東無極玉璽宮馬蘭道堂楊傳廣、無極聖宮杜秋雄等。二為慈惠堂系統，包括

有岡山分堂、草屯分堂、聖德分堂、義和分堂等。
此外，這一系統中台東濟世堂陳志遠、金聖堂郭懿
儀等二堂主，與無極玉璽宮馬蘭道堂楊傳廣同屬台
東縣原住民，是比較特殊的一支脈。

## (二)黃阿寬與方李霞

　　黃阿寬與方李霞的交流會照關係，並不如與劉
培中、陳玉霞來得密切，到方李霞掌理的宮廟交陪
拜訪也是偶一為之，相對並不熱絡，但坊間卻傳出
「方李霞點化黃阿寬」的話語，並積非成是，讓人
百口莫辯。原來，有部分學者將靈乩簡單化約成東
方木公、西方金母兩大系統，並指稱方李霞主祀木
公，再將黃阿寬編派入木公系統，於是，方李霞點
化黃阿寬的訛傳就不逕而走了。但是，從方李霞所
傳承的世系譜表看來，並未把黃阿寬列入該道脈二
大系統中，顯示外傳黃阿寬係受方李霞所點化之說
有誤。高天文也指出，黃阿寬早年曾到過新生慈惠
堂「會照」，但本身並非沒有拜木公。

　　事實上，黃阿寬的天元道脈的主祀神祇是「玄
玄一炁無極聖祖」，並非外傳的東方木公，自然非
木公系統。因此，外傳方李霞點化黃阿寬之說，是

極大的誤解。更何況，民國 45 年大道降旨林邊道一宮，上天派下「五老」到蓬萊寶島科選盤運天命的靈乩，其中就不止東王公、西王母二老而已。黃阿寬表示，方李霞原本就隸屬於慈惠堂西王母系統，祭拜東方木公是後來之舉，其弟李訓南接手管理宮廟，事實上他什麼都不懂。我們實際走訪新生慈惠堂——紫天宮，宮內主祀瑤池金母，配祀東華帝君及玉皇上帝，即可得到證明。

## 六、劉培中、陳玉霞與高天文

　　劉培中與陳玉霞之間的交陪會照，坊間流傳有許多佚事，一直為靈乩界所津津樂道，甚至還被陳玉霞的門下弟子「神話」化了，繪聲繪影，像是真有其事。但是，此項傳聞佚事卻被高天文直接「打臉」，他堅稱「沒這回事」！

　　首先，我們檢視一下坊間流傳佚聞趣事的大概內容：據傳在 60 年代台灣在宗教領域有三位「奇異高人」，分別是崑崙仙宗劉培中、佛教高僧水果大師廣欽老和尚及被譽為白陽祖師自稱上天老師的陳玉霞。上天老師陳玉霞有著出神入化渡化信眾的本

領席捲南台灣，以致樹大招風，被前來鬥法的五術之輩具狀暗發黑函至警備總部告發，誣指陳玉霞的信徒依天體方式膜拜神明，是一群傷風敗俗的邪教團體。於是警總下令取締，陳玉霞遂在弟子們協助安排下，暫離台南龍鳳寺轉至高雄柴避風頭。其後，經自港來台的萬應白花油老闆顏玉瑩親赴士林官邸求助於蔣宋美齡，蔣夫人遂責令國師劉培中南下查明真相。

　　於是，就發生了劉培中帶領調查局幹員高天文等一行人南下查案的佚聞：「在民國 62 年 12 月 29 日那天，國師劉培中帶領一群人由台北驅車來到台南六甲林鳳營龍鳳寺，上天老師偕學生們早已在大門口等候，準備迎接眾遠客之蒞臨」。接下來，佚聞中描述，因劉培中深知要會晤這位奇人，就在調查局中挑選一位具宗教背景的幹員高天文隨行協助調查。當其時，兩位高道一見面寒暄對談，「劉國師與上天老師在其一連串的對寶示現信物，據說整個開理過程氣勢攝人，猶如打擂台般」。儘管後人繪聲繪影、加油添醋形容會面現場如何震攝逼人，但由於沒有人員作全程紀錄，連拍個照片留念都沒有，只有一位老前輩李有義的記事本裡有一小片

段。經後代弟子整理節略，並附上劉培中對陳玉霞會照開理偈詩如下：

　　崑崙玄門妙真子，身揹葫蘆下東岐。
　　特來找回根源子，龍鳳閣下會世尊。
　　重逢聖道續前因，信物示現玄對真。
　　菊系靈子樂相逢，天人合一領天命。
　　太極運轉我稱王，宇宙萬般指掌中。
　　玉霞正道代天行，法通天地參宇宙。
　　為救眾生將劫移，八卦天盤在汝身。
　　三才寶典萬法通，今朝來此當先鋒。
　　望汝獻策赴主關。

　　以上所描述精彩的傳聞佚事，其實是經過後代弟子改編纂集的文章，發表在 40 餘年後的今日，既無當時全程紀錄，也未有會面現場照片加以佐證，實在很難取信於人，更何況時隔如此久遠，人云亦云、口耳相傳，難免失真。記得在輔仁大學上宗教敘事學課程時，系主任鄭印君老師就針對此事特別告誡我們：根據索緒爾語言學理論，大凡經改編過的文學、戲劇、電影等，即便是根據真實故事而來，也是「不真」。換言之，就算傳聞佚事根據真實故

事而來，只要有改編過，即非當初的原貌，就不是真的。

「嘸這款代誌！」91歲高齡的高天文堅決地否認說道。針對坊間傳流民國62年12月29日曾陪同先總統蔣公的國師劉培中前往台南六甲林鳳營龍鳳寺調查陳玉霞的佚聞，高天文完全否認，也清楚地表示根本沒有「蔣夫人下令調查」一事。

高天文表示，他與陳玉霞、劉培中三人會面的場合都是在中山北路五條通劉培中的宿舍，從來未曾三個人一起到過台南龍鳳寺，不過，他卻是曾經到過陳玉霞高雄的住家，其他碰面的地方都在北部。

高天文的確任職於調查局，但非調查員，只是他平日對神佛靈異事件感興趣，神靈自然來「靠」（即靈逼體），此番來由係起自嘉義新厝的李靜雲，她是莊五女的學生，因看出高天文的元神為包公，請他去嘉義領旨。高天文原不以為意，但日子一久就精神混混噩噩的，有一個星期六早上仍感不舒服，就趁下午休假坐火車到嘉義，再換三輪車到新厝與李靜雲、莊五女會合，承接天命。但是，高天文一再強調，絕對沒有外傳蔣夫人宋美齡委派他

隨同劉培中到台南龍鳳寺調查秘密集會一案，都是後人編造的故事。

高天文回憶表示，早期陳玉霞的確很厲害，以致於大家都想去和陳玉霞「會照」一下，看看自己所領天命進展的程度？有一次去見陳玉霞，陳玉霞要高天文把身上的錢都拿出來，高天文就依陳玉霞的請求把身上所有的錢拿出，但陳玉霞仍質疑他身上還有有一元，請他仔細再找，果然在口袋中又找到了一元，高天文對此嘖嘖稱奇，每當有人問到陳玉霞都會提起此事盛讚她的靈驗。

高天文跨入靈乩界，是在民國 50 年（1961）間，有一天參拜禮佛時，突然靈動起來說天語、寫古文、比手劃腳，一旁的同修們都聽不懂。此後，只要來這間寺廟就會如此，讓人難以理解。當時寺廟住持曾求神並安排法師念經，都無法讓高天文定靜下來，只好靜觀其變，約莫七週後就恢復正常，日子一久，也就習以為常了。

# 七、黃阿寬與其他靈乩

早年跟黃阿寬有過交陪的靈乩與宮廟，尚有盧源寺的黃紫微、花蓮石壁部堂「牽亡」著稱的林千

代及宜蘭頭城九股山莊嚴道場的莊涵陽父子等，這些道場與靈乩，也都是五老下蓬萊二十八選一的科選任務中，曾經獲得上天降旨試煉的知名人物與處所。黃阿寬對這些靈乩與道場的來龍去脈都如數家珍，了了分明。

## （一）黃阿寬與黃紫微

　　三霞二黃中的另一黃即黃紫微，此人與黃阿寬交情甚篤，兩人過從甚密。盧源寺神明所降聖示，並不出黃紫微之手，而是黃阿寬所代筆。據了解，黃紫微辦事時是比手劃腳不講話的，人稱「啞吧乩」，常常對來問者在桌上擺橘子讓其自行開悟。黃阿寬指出，黃紫微、白土炎與許萬居三人號稱「三劍客」，他們合力創建爐源寺。不過，天明宮的老效勞生表示，黃紫微雖然開發了盧源寺辦聖務，但聖文卻是黃阿寬代寫的。其後，在五老下降蓬萊二十八選一的科選任務中，黃紫微因行事「沒到位」，未符合資格而落選。

　　儘管黃紫微未入選「二十八賢留一仁」行列，卻點化了弟子賴宗賢。民國 87 年（1998），賴宗賢邀集了道教學術知名學者林安梧、陳廖安等教授發

起成立了「財團法人中華大道文教基金會」向教育部登記。次年，再成立鳳凰道院，附設於中華大道基金會之下，協助推展道務，並開設丹道養生、玄門靜坐等靈修課程。中華大道一脈，在賴宗賢病歿之後，在台灣靈乩界中仍見旺盛組織活動力，可說是除了天元道脈之外，另一個永續發展能見度頗高的支脈。

## （二）黃阿寬與莊嚴道場莊涵陽父子

「汝以前是記者，定定在外面走跳，人面較闊，認識的人較多，有沒有碰到道行高的修道人可以引見一下？」黃阿寬常問我說道。

「今嘛嘸餒，顧肚子都袂赴，那有時間顧佛祖？修煉的道士少之又少，幾乎可說沒有，攏總嘛掂遐作法會賺錢，哪有時間修煉？」我半開玩笑回答說。

針對黃住持的提問，我左思右想，就是想不出適當人選，不是年紀太輕，就是過於世俗化、民間信仰化，夠不上修道成真的標準。最終，我靈光一閃，突然想到與劉培中有關係的修道人，就是 30 年足不出茅棚的全真道士，現今仍在宜蘭頭城九股

山上修煉的莊嚴道場「三師父（俗名莊國宏）」。
這位被信徒敬稱為「三師父」的全真道士，是宜蘭
九股山莊嚴道場祖師莊涵陽（1915-1973）的第三子。
黃阿寬指出，他曾經慕名前去九股山道場參訪，但
見「三師父」敲缽、燒金紙、對空畫雲篆替人祭解
辦事，最後還「博杯」請示，就是這個擲筊的動作
讓黃阿寬覺得「道不同」，此後就「不相為謀」，
未再踏入莊嚴道場「會靈」。

　　不過，若論及莊嚴道場的祖師莊涵陽（俗名莊
實鍾），就跟台灣前輩靈乩劉培中，有相當深厚的
交情。黃阿寬曾稱許莊涵陽也是五老下蓬萊科選台
灣靈乩中「二十八選一」的賢仁之一，唯莊涵陽於
58歲時羽化登仙，生前即囑咐其三千弟子轉而拜入
崑崙仙宗劉培中門下，繼續丹道修煉。由此臨終託
徒的情況可知，劉培中與莊涵陽二人交情匪淺。

　　提到劉培中與莊涵陽，就不得不帶到廣欽老和
尚，雖然廣欽老和尚跟劉培中兩人並無交集，但與
莊涵陽卻有很深的淵源。劉培中與莊涵陽均為當時
知名丹道修煉家，彼此惺惺相惜，於是就有後來莊
涵陽臨終託徒的插曲。廣欽老和尚年少時亦曾修習
丹法，雖勤懇苦煉，但始終未得「過關之法」，故

曾經三度入山請求莊涵陽收為徒弟，惟涵陽祖師以其年紀過老未予同意。不過，就在 65 歲時最後一次晉見時，涵陽祖師摒退左右，二人獨處禪房中許久，門下弟子均不知其二人在房中到底有無傳法面授機宜。此番會面後，廣欽老和尚仍下山回土城承天禪寺繼續修行。到底莊涵陽有沒有傳授過關之法給廣欽老和尚，外界不得而知，廣欽老和尚也隻字不提，涵陽祖師只是在多年後對弟子敷衍兩句未講明，使得這椿公案至今成謎，不過，廣欽老和尚坐化圓寂後燒出舍利子，讓世人印象深刻。

## （三）黃阿寬與林千代

　　另一位以「牽亡」著稱的前輩靈乩是林千代（吉歐ジオ），她以花蓮慈惠石壁部堂為基地從事牽魂術辦事，同屬花蓮慈惠堂系統。每次問事，此地必定萬頭鑽動，轟動一時。此期間林千代還辦了一件令人注目的大事，就是「收徒」，其中又以後來自創真佛宗的盧勝彥最著名。黃阿寬自認與林千代並不熟，但早年曾到花蓮會靈，去過石壁部堂參訪及觀看林千代辦事。

　　黃阿寬回憶，當年盧勝彥是搞測量的，偶然機會來到花蓮石壁坑與林千代結緣，被收為徒弟。言下之意，真佛宗創辦人盧勝彥其實是林千代的徒弟，早年乃屬慈惠堂系統的靈乩。

# 肆、民國 67 年淡水天元宮靈光大會
## （誤傳爲靈乩鬥法事件）

　　至今仍廣為流傳的「民國 67 年淡水天元宮會靈山鬥法事件」，其實是訛傳、誤解。會靈山是真，而靈乩鬥法是誤傳。此一「靈乩鬥法」事件的始作俑者是新店銀河洞靈山媽祖廟住持謝光男道長，他自述當日在現場「以一根竹子遍打鬥法的靈乩們」。此一靈乩鬥法之說，學界傳抄引用甚廣，甚至還移花接木拍成視頻影片，居然獲得近三十萬人次的點閱率，足見此事件受到高度關注。

　　然而，此「靈乩鬥法」之說，遭到黃阿寬、高天文及當年參與大會的老效勞生們的否認。事實上，此一活動本名「靈光大會」，是黃阿寬所發起成立的，總壇設在淡水天元宮，原定一個月聚會一次，由各宮廟輪流辦，屆時全省靈乩都前來「會照」。

當年係黃阿寬在淡水天元宮主辦，友宮如宜蘭盧源寺、花蓮勝安宮等靈乩都來參加。謝光男係第三代靈乩屬資淺後輩，且自靈光會成立之後，與會不到三次，靈乩鬥法是他自我錯誤認知。

　　據當年也在現場的石碇天明宮主事蔡瓊慧表示，民國 67 年在淡水天元宮廟埕參與「會照」的靈乩估計有 300 多位，大家將各自所領的天命詔書互相對照參詳，以類似歌仔戲一樣地吟詩對唱，檢視自己所領天命的運作情形。在場的靈乩們雖然有文

在靈光大會（非民國 67 年淡水大元宮現場）上靈乩們非鬥法而是出示各人所領天命互相參照，又稱會照。（筆者攝影）

駕、武駕之別，但彼此間只是對唱而絕非外傳的相拼互鬥。因此，靈乩鬥法之說，實在是外道的說法，並不確實。新北市道教會前理事長高天文也持同樣看法，聲稱「非鬥法而是出示各人所領天命互相參照」。

　　由於靈光大會係屬散漫組織，群龍無首，故而 67 年在淡水天元宮眾靈乩會照之際，有人提議用擲筊（博杯）選出會長，結果跟著方李霞到會綽號「盲劍客」的陳文龍意外當選。後來有一年靈光大會由花蓮勝安宮主辦，盲劍客陳文龍自製四角形的靈光會旗掛放在該宮功德堂內，現已遺失遍尋不著。其後，盲劍客返回高雄與同道蓋起宮廟，又自製「人上人旗」，自此以後遂以「人上人會」為名行走靈乩界。

# 一、靈乩鬥法事件之論文門

　　民國 67 年（1978）發生所謂的「淡水天元宮靈乩鬥法事件」，其實是台灣靈乩一年一度的「靈光大會」，當年全省靈乩前赴淡水天元宮將各領的天命彼此「會照」交流，並非外傳的鬥法。此一烏

龍報導，實際上是筆者與碩士論文田野報導人謝光
男道長製造出來的「烏龍鬥法事件」，後繼研究者
不分青紅皂白傳抄引用，也不去作實際田野調查，
或親自問清原由，就後文抄前文加註即交待過去，
導致以訛傳訛，積非成是。以下即比對同是輔仁大
學碩士在職專班所發表的前後期畢業論文，來作澄
清：

## （一）103 年彭嘉煒碩士論文

　　民國 67 年(1978)農曆 5 月 5 日(國曆 6
月 10 日)在淡水天元宮又發生一件靈乩界的
大事，即著名的「會靈山大鬥法」事件，當
日靈乩界頗負盛名的「三霞二黃」均參與盛
會並相互鬥法 2。「三霞」──即方李(美)
霞、陳玉霞、許秀(秋)霞三人。「二黃」
──即黃阿寬、黃紫微。方李(美)霞是「靈
光會」代表；陳玉霞則代表「金母天上人會」。
另外，陳文龍是「人上人會」代表；吳德同、
王諸回、謝光男、高天文等人也參與其中。
高天文後來被選舉為新北市道教會理事長；

黃阿寬則是淡水天元宮、真圓天壇、無極天明宮等三宮開台住持。

　　新店靈山媽祖廟住持謝光男回憶說：「民國 67 年端午節，淡水天元宮舉行龍華聖會(亦祿靈光大會)，靈乩界知名靈乩幾乎全數到齊並參與會靈。會靈山當日，真可說是烏雲密布，日月無光。一夥人相繼靈動起法，進而鬥法。我原本坐在天元宮的牌樓上作壁上觀。那時天元宮尚未完工，約兩層樓高的牌樓還搭著竹梯，我沿著竹梯爬上牌樓。鬥法進行中，突然間我像觸電一般，先是一震，神明居然降駕我身上。然後，說時遲，那時快，我在意識不清的狀況下，縱身一躍而下，以一根竹子遍打鬥法的靈乩們。」

　　他接著說：「第二年，即民國 68 年，參與會靈山鬥法而被竹子打過的靈乩一個接一個出事，非死即傷。王諸回是頭一個猝逝的。接著，陳玉霞在農曆五月五日端午節吃鹼粽噎死 3，享年五十四（七？）歲。陳玉霞的弟弟騎三輪車與七歲小孩的自行車相撞，撞斷煞車線纏繞頸部劃出一線紅色傷

痕，回家後洗完澡時猝死了。方李(美)霞則在却一年農曆七月七日過世。許秀(秋)霞則在農曆九月九日摔斷腿，被其夫婿關在山洞內，幸運躲過此一死劫，後來活到八十多歲才過世。」

「那是天譴！」謝光男斬釘截鐵地說。「靈乩不能妄自尊大，不能自以為是。譬如，啟靈時是王母娘娘，退駕後卻不是了。」言下之意，有不少靈乩即使神靈退駕了，依然自認為是神，因而產生不良後遺症。

## （二）108 年黃姓研究生碩士論文

新店靈山媽祖廟住持謝光男回憶說：民國 67 年(1978)端午節，淡水天元宮年端午節，舉行龍華聖會(亦稱靈光大會)，靈乩界知名靈乩幾乎全數到齊，並參與會靈。會靈山當日，真可說是烏雲密布日月無光。一夥人相繼動起法，進而鬥法。謝光男原本坐在天元宮的牌樓上作壁上觀。那時天元宮尚未完工，約兩層樓高的牌樓還搭著竹梯，謝道長沿著竹梯爬上牌樓。鬥法進行中，突然間，

謝道長像觸電一般，先是一震，神明居然降駕道長身上。然後，道長在意識不清的狀況下，縱身一躍而下，以一根竹子打鬥法的靈乩們」。

經過了鬥乩過程，第二年，即民國 68 年(1979)年，參與會靈山鬥法而被竹子打過的靈乩一個接一個出事，非死即傷。王諸回是頭一猝逝的。接著陳玉霞在農曆五月五日端午節吃鹹粽噎死，享年五十四。陳玉霞的弟弟騎三輪車與七歲小孩的自行車相撞，撞斷煞車線纏繞頸部劃出一紅色傷痕，回家後洗完澡就猝死了。方李霞則在同一年農曆七月七日過世。許秋霞則在農曆九月九日摔斷腿，被其哥哥關在台中山區一小茅草屋內幸運躲過此一死劫，後來活到八十多歲才過世。

「那是天譴！」謝光男斬釘截鐵地說。「靈乩不能妄自尊大，不能自以為是。譬如，啟靈時王母娘娘退駕後你就不是王母娘娘了」。言下之意，有不少靈乩即使神靈退駕了，依然自認為是神，因而產生不良後遺症。

　　以上分別係 103 及 108 年發表的碩士畢業論文，針對民國 67 年淡水天元宮靈乩鬥法事件的描述。仔細比對發現：後篇幾乎全段照抄前者，在此須特別加以聲明與更正，立刻停止引述，以免誤導後繼研究者，再持續作錯誤的引用。

　　在此要特別聲明的是：民國 67 年淡水天元宮靈乩鬥法事件，實在是「烏龍報導」，應更正為「淡水天元宮靈光大會」，會演變成鬥法，純係新店靈山媽祖廟住持謝光男個人的論述加上筆者採訪心得匯總成碩士論文所致。後來，相關傳抄之人等陸續出事，釀成因果報應「二部曲」。謝光男道長號稱用竹竿遍打現場靈乩的手已然中風了；筆者因辨識不明致雙眼球皮爆裂就醫；某道教會理事長亦因引用 PO 文而發生車禍醫院發病危通知。凡此種種，推測應係錯誤論述引用鬥法一詞所引發，因此奉勸後繼研究者，千萬請勿再引用為靈乩鬥法事件，應改正為靈光大會，否則恐報應不爽。

## 二、黃阿寬與謝光男

　　黃阿寬眼中的謝光男，直說他只是第三代「半路出師」的靈乩，來靈乩協會一年不過二、三次，

對會務參與度並不積極。言下之意，是說謝光男並非修持先天無極法門的正統靈乩，而是為了取得辦事資格認證的「靠行」靈乩，就好比早年國民黨統治時期的客家覡公（客仔師）為了取得行科演儀的執照，紛紛到台北市大龍峒覺修宮排隊報到簽名，讓道教六十三代天師張恩溥為他們奏職取得認證資格，回去後才能開壇辦事，不然會遭警察取締，他們只會三奶法（小法），不懂正統道教科儀，為了不被取締封壇，也就隨順時勢而為，禮拜道教天師取得執業資格。同樣的，謝光男先加入靈乩協會，後又皈依全真教，其意圖明顯，只是為開壇辦事取得方便之門而已。

　　筆者曾深入研究過謝光男道長，他先是三太子欽點的乩身，啟靈方式是：靈乩與神明之間以靈對靈直接交通感應，跟乩童不一樣。換言之，乩童是口唸咒語、神明附體；靈乩是凝神入定直接跟神明感通。比較特別的是，謝光男在祖先牌位前與神明簽訂合約，神明租用靈乩的身體，租期為十二年（即一期年），合約中另立下但書，言明所做法事功過平分，最終祭拜發誓後焚化，人與神成為命運共同

體。其實，謝光男的啟靈，跟一般乩童並無多大差異，只是修煉的方法不同而已。

民國 103 年（2014）筆者碩士論文口試時，口試委員胡其德教授就曾質疑謝光男的修煉狀態，直言「好怪的修煉法」！的確，謝光男總共摸了 1800 個死人的頭骨後方告修煉完成。他的修法特異：身為新北市人的他卻轉輾在台灣東部的池上、光復、玉里等地公墓，由於這些地區客家人、原住民比較多，死後習俗多不蓋墳塚，而以撿骨置入金斗甕中，謝光男在神明指點下，趁夜晚無人偷偷打開金斗甕拿出人頭摸骨，只要摸著頭骨就可判定什麼往生、怎麼死、是男是女、年老的、病死的……等，不一而足。若是病死的，神明就教他如何摸頭骨把脈及辨症論治。接下來，還被要求放生，凡是可以吃的不能放生，於是他專挑錦鯉來放生，就完成所有程序，開始四十餘年靈乩生涯。

所以，按照黃阿寬的認知，謝光男等一類的靈乩，所修持的是後天的「皇極法門」而非先天「無極法門」，修持法門不同，自然就不是同類，只是「靠行」的自我靈山修行者，好比馬路上云云眾多

的計程車中的有靠行計程車，屬個人營運的個體
戶，但他們依然是可以排班、路上叫車的「小黃」
運將。

# 伍、台灣靈乩的方向與目標

　　很多人都在問，台灣靈乩最終到底何去何從？台灣靈乩典範人物黃阿寬及其所帶領的天元道脈，循著「舞動、入靜、歸真、空寂、究竟」的自性靈山法門修持，數十年如一日。他們都知道，靈乩必須昇華，而最終的目標是成為「聖乩」。至於要如何達成聖乩的目標？其方法為「復古」與「收圓」。黃阿寬解釋說，返回本元性謂之復古、復性；靈之歸位謂之收圓。由於人心不古，故須以無極法門修到恢復本來面目，回到本來面目就是「復古」，亦謂之復性，即返回本元性；靈之歸位意思即歸回元鄉，則謂之收圓。

　　「靈乩不是要度化人，而是要度化乩主自身」，完成自我昇華，以圓成職使。所謂職使就是上蒼付託的使命，靈乩接受上蒼的使命之後，須不斷追求昇華，如同人類所使用的手機升級一樣，從 2G、

3G、4G、5G 一直往上一層次昇華。靈乩或修行人不斷往上追求昇華，就能一面接收更高層次的訊息，再一面根據所接收的聖命去運作。全台云云眾靈乩就像火車上的螺絲一樣，大家一起往目的地前行，即使過程中有幾顆掉在地上（即中途隕落），火車一樣到站。

我們仔細檢視黃阿寬所代筆而用以教育天元道脈信徒的《白陽真詮》，其內容實質上是「白陽聖命交付」與「修煉功法傳授」二者兼而有之。例如黃阿寬代筆老祖所降乩示：

> 道包宇宙玄玄道體化成，
> 德光萬道玄德復聖此命。
> 承命運行天地人盤歸宗，
> 命旨下達此會應運施行。
> 玄之又玄微妙自生定律，
> 德化光能引導元靈歸宗。
> 復古收圓天地人道歸元，
> 聖真仙佛列席排班輔導。

　　由上所示乩文可知，前四句意旨為聖命之交付；後四句意旨則為修煉功法的傳授。《白陽真詮》確實是天元道脈所憑藉用來教育信徒的聖命加上修行（煉）的指導總匯。這本原係由劉培中所交付「白陽聖命」予黃阿寬的指導原理、原則，然而，黃阿寬及天元道脈僅僅得到聖命之交付而無法悟得修煉功法，而劉培中所創立的崑崙仙宗之派門，也僅僅得到修煉功法的教授而未在宗教領域上有所突破與成就。

　　我們甚至可以說，如若黃阿寬及天元道脈所受付的「白陽聖命」，再加上劉培中所創崑崙仙宗的修煉功法，應是合則兩美使靈乩成為聖乩的上乘修行準則。這也許就是上天讓劉培中交付「白陽聖命」予黃阿寬的原意啊！

　　但是，天元道脈與黃阿寬卻自有一套完整的論述來圓成「聖乩」的使命！由於人心不古，上天原設五教後來變萬教以度萬眾，二千多年來是人教人，娑婆世界卻越變越紊亂。於是，上天降下無極法門，使世界不再有太極法門的對立狀態，以自性修出德光，讓自性跟無形的神合而為一即天人合一，用德啟發靈光，以「靈教靈」、「無形對無

形」，即「靈對靈」的第三空間運作！然而，台灣靈乩界至今仍有不少人汲汲於「跑靈山」的錯誤認知，囿限於靈動的修行初階而無法向更高層次的精進成長境地。

# 一、預測武漢肺炎疫情

根據天明宮一位師兄透露，黃住持在民國 68 年所書的一篇聖文中，即預測了這一波瘟疫（新冠肺炎）的發生，但時間與地點沒有明確開示出來。雖然，此舉似有事後諸葛的詮釋之嫌，但在當年就已經預示了這場瘟疫的發生，已經是驚人之作了，最沒想到的是疫情的發源地在大陸武漢，如今事後戳文對證，竟然不謀而合，實在教人嘖嘖稱奇。

據筆者所知，其實新冠（武漢）肺炎病毒早已存在這個世界，只是找一個最適合傳播繁殖的弱點下手，而這個點就是大陸武漢。大陸武漢三鎮，是已發展上百年的工業重鎮，工業發展所帶來的污染之嚴重自不在話下。

筆者於 2018 年 2 月 1 日搭專機前往武漢拜訪新竹中學的第一屆大學長曾重郎先生，他是湖北省

政協主席（該省第三把交椅）退休的，家住在武昌市水果湖張家灣小區官邸。當日筆者自武漢天河機場下機，即由省府相關人員接待直奔曾大學長官邸，走過機場的停車場，唉呀，我的天啊！場內每部停放的車輛幾乎都蒙上厚厚的塵土，出了停車場後開上馬路，由於氣溫零下一度，沿路都是積雪，但定睛一看，雪竟然泰半是白中透黑的暗黑色，污染之嚴重，令人十分不舒服。為此，筆者一天都待不住，第二天早上立馬搭機到下個田野調查地點。

　　比起武漢三鎮，北京市的污染也不遑多讓。2018 年 4 月 1 日筆者赴北京人民大學參加「第十二屆海峽兩岸宗教學術論壇」，下機後於當天晚上七點半左右到達北京人民大學，進入校園後就被滿園遍植黑松與竹子所吸引，竹林還隱沒在一片嵐氣之中，真是美不勝收。孰料竹林中卻竄出山個帶著「防毒面具」的男大生，嚇了筆者一大跳，經詢問後方知該生是帶著特殊口罩，因為北京市空氣污染嚴重，那一大片罩在竹林的嵐氣，正是人人聞之色變的霧霾！

　　大陸近三十年來經濟高度發展，工廠空污、河川、土地等污染嚴重，例如武漢三鎮的空染、北京

市的霧霾等災害自然不在話下。近年來，大陸已然發現污染問題嚴重，於是大刀闊斧地進行各項改善環保工程，並獲致大幅度的進展，但是，冰凍三尺絕非一日之寒，環境污染所留下的後遺症，必然對後代帶來無盡的磨難，武漢肺炎的傳播，就是最明顯的例子。

　　根據天元道脈所排定的時程，民國 108 年（2019，歲次己亥）6 月 7 日淡水天元宮於真元天壇辦理「五五萬象靈歸真元演三會」聖事，即象徵全世界「人盤」配合天、地、人開始運作整頓，上天發布五大部洲、五大天命，要五教各自清理門戶，五教信眾接到命令回真元天壇四樓五老處報到。五老五方每方都有主帥下轄 108 兵團，如此總計 540 兵團派出神將清理門戶，在 109 年（2020）開始啟動。109 年為初審、110 年再審、111 年定讞（獄）。換言之，歲次庚子、辛丑、壬寅三年屬於人的整頓。就在 109 年（歲次庚子）農曆正月初六，天元道脈舉行三陽聖尊安座後隔幾天，新冠（武漢）肺炎疫情就開始大爆發！正巧符合三年各教「清理門戶」之命。

# 二、從道家自許到成立道家學院

　　從黃阿寬自許天元道脈歸類為道家開始，就積極為天元一系布局導向道家學院的設立，從成立聖門道觀至今已 28 年，培養講師二百餘位，如今時機成熟，人員配置也妥當，長久以來的教育訓練已逐漸出現成效。於是，黃阿寬在上天旨意開示下，決定成立道家學院，俾讓天元道脈能夠永續發展。

　　近期有一則聖文藏頭詩串聯起來即明白開示：「五十二載聽命行」、「二十一年開三台」、「二十八年陞學院」，這正是黃阿寬一生的寫照及所承擔的任務，包括：從 39 歲接下聖命後與上蒼 52 年不變的約定、用 21 年時間啟建三台（天元宮、天明宮、真元天壇）、成立聖門道觀進行靈元教育 28 年陞建道家學院等三件大事。

　　天元道脈與黃阿寬對於道家學院的成立，訂定了近、中及遠等三期的規劃，其內容概述如下：

## （一）近期

1. 十年籌備近接九九陞登彌勒獨生，有關龍華三會九宮白陽相關聖文、聖務之講解與輔道。

2. 道家學院有教無類，一視同仁，招賢納士，廣招有緣，五教合一，不分教派，培養群真英代天之講師使者。

## （二）中期

1. 培養五方不分教派之領道幹部，運作未來道盤行政、龍華三會、九宮白陽、禮運大同聖務。深入研議無極開元八部經，為大道佬水返潮做準備。

## （三）遠期

1. 落實道家學院為無極法門之修行中心。
2. 對外積極發揚宣化無極聖門道家法門，傳授白陽真實義，將道藏寶典代代相傳為基。
3. 有緣者經過無極法門之啟化，自性自渡、性命雙修，功成果滿達至履任神聖、超生了死，回歸無極瑤池元鄉。

　　對道家學院的設立，黃阿寬並不打算向教育部申請入手，而是傾向於私人興學的模式辦理，以簡化繁瑣的行政程序與制約，例如校地五公頃、定存基金二千萬元等事項。天元道脈的道家學院的設立，時機已然成熟，其勢如箭在弦上，今年 3 月間

上天更降下聖文，批示道家學院的設立，並指定前立法院長王金平為道家學院院長、陳金木為教育團團長等情事。

　　至於道家學院成立的宗旨，自度而不在度人。誠如法輪功李洪志大師所言，道家是自度而不度人。他說：

> 道家是獨修的，道教是不應該存在的。道教實際上是近代的一個改良的產物。在歷史各個史前時期都沒有過道教。因為道家不講普度眾生，它講獨修，它講清靜。所以它悟真，真、善、忍專門悟那個真去修，修真養性，返本歸真。道講清修，所以它根本就沒有普度眾生的願望。修成了之後就是遊神散仙。

　　黃阿寬崇尚的是道家而非道教，以致於表現在宮廟行事風格上，天元道脈所走的路線是自我修煉，而不是隨俗的社會服務、慈善事業。所以黃阿寬特別引述上蒼指示，天元宮乃道場而非世俗之廟，不可演戲、拜斗、點光明燈。在這點上，天元道脈與一般道教宮廟有本質上的不同。換言之，天

元道脈旗下宮廟與一般道教宮廟是和而不同。正如李洪志大師所說：

> 老子寫了《五千言》就走了，讓後人去做了。但這也應該這樣做，這也是天意。因為道家不允許成立宗教，道家成立宗教是個錯誤。因為道士講獨修，修真、清修，所以，他的徒弟都是單傳的。因為他要選徒弟選好人傳的。他不能普度眾生，他沒有這個願望，他是修真。你看道觀裏那麼多人，只有一個人他選定了，他才傳，剩下的都是擺樣子的。所以，道家不應該有宗教。過去一直是在山裏面獨修的。

用李大師的話來檢視黃阿寬的隱居修行，其「道家性格」顯而易見。再者，黃阿寬無論對內、對外一再強調「不稱師作祖」，其實是源自於道家不應該有宗教，是自度而不普度眾生，是獨修、清修的信念。天元道脈的成員都認為自己是「超宗教」，不是沒有原因的。

# 陸、黃阿寬的道與詩

　　黃阿寬自許為「憨人」，凡事聽天由命，隱居於石碇天明宮的愚人精舍。他所示現的「道」，至簡至易，無非就是老子（道德天尊）之道。緣此，他奉行「見素抱樸，少私寡欲（《老子》第十九章）」、「為而不爭（《老子》第二十二章）」的人生哲學，故而「夫唯不爭，故天下莫能與之爭（《老子》第二十二章）。」最終，達到「是以聖人處無為之事，行不言之教；萬物作而不為始，生而不有，為而不恃，功成而弗居。（《老子》第二章）」的境界。黃阿寬不稱師作祖，卻是天元道脈所有信眾追隨敬仰的精神領袖，符合了「是以聖人終不為大，故能成其大。（《老子》第六十三章）」的典範格局。

　　天元道脈無極天明宮聖門道觀教育團隊上課所用基準教材《白陽真詮・自性篇》，內容即以道家老子之道為「經」，儒家人倫綱常及佛教禪宗「悟」

的思維為「緯」，結合而成三教合一的教義，作為道脈所有信眾修持的指南。簡而言之，天元道脈《白陽真詮》內容要旨是「以三綱五常為日用，以身心性命為實學」，而其最大特色是「以士農工商為常業」，即黃阿寬所說的：「不管恁是什麼行業，想來就來，想離開就離開，不會硬性挽留，也沒有人會逼恁走。」意思就是說，無論士、農、工、商不同行業，所遵循修持之道是相同的。誠如《白陽真詮‧自性篇》所說的：

**日陽普照大地自然不變，常輪億載不分善惡貧賤。**
**生在凡塵為慾以假為真，活存社會觀其行為不同。**
**返照日常三省以道為朋，觀看眾生所為作為知比。**
**謂道獨尊只有中道如行，之同道合返觀同修共參。**
**道心不離觀圓明見性。**

這首詩歸納每句句首成為「日常生活返觀謂之道」，說明修行之人須日常三省吾身而以道為朋友。天元道脈的信眾須按《白陽真詮‧自性篇》所開示之道，返觀自照，並與同修共參，只要道心不離自然圓明見性，這也就是天元道脈之所以近悅遠來、永續發展的基石。

　　黃阿寬代筆所降聖文都以「詩」的形式來寓「道」，且多為藏頭詩，所以，「詩以載道」是黃阿寬所降聖文的最大特色。《白陽真詮‧自性篇》有提到：

> 聖文啟醒眾生靈，理德歸向無德人。
> 啟開三界同一理，化解迷津入聖域。
> 元元一炁瑤池蓮，靈元本是同一家，
> 歸納真元考核靈，納入三元及第生。
> 無來無去本自然，字是太極形相體。
> 經無悟無自然生。
> （《白陽真詮‧自性篇》頁 4）

> 學習聖門道觀真宗，通達至理三聖玄音。
> 三貫一理通天達地，卷中聖意認理歸宗。
> 詩淺意重包羅萬象，道包宇宙道炁化成。
> 德光萬道普照大千，良性自在中道如行。
> 心堅意定不偏不易，獻身說法為化眾生。
> 光明正大引導群英，明徹貫通神人同欽。
> （《白陽真詮‧自性篇》頁 5）

　　前一首詩歸納每句句首為「聖理啟化元靈，歸納無字經。」後一首詩歸納每句句首為「學通三卷詩，道德良心獻光明。」所謂「無字經」就是黃阿寬所降聖文著作《無極開元・三卷無字天書》之無極開元八部經，以詩載道開示道脈同修：拳拳服膺，體道力行，以求功行圓滿，回歸元鄉。

## 一、究竟境界：即心、即佛、即道

　　根據聖文所開示，悟道成道之後，即心即道（即佛），到了此一「究竟境界」的時候，不須修持造作來去垢去穢，因為「自性」本來清淨，本來就無垢無染。如黃阿寬代筆所降聖文（藏頭詩）云：

內外一致性相合一，觀望自在自覺能智。
自悟覺性了徹圓明，性中一點真元佛性。
不知不覺開元至今，二性合一聖性皆通。
法本無法由心啟發，門內門外三極同元。
（《白陽真詮・自性篇》）

　　此聖文即以藏頭詩方式呈現，直接點出「內觀自性」是「不二法門」。究其實，此不二法門就是

「無極自性法門」，也就是《白陽真詮》自性法門。緣自民國 109 年（2020）黃阿寬在聖文中開示：「十年籌備心靈改革天體合一道盤行政龍華演三會。」意喻聖門道觀教育團隊承擔教育任務，將以「無極法門」深根計劃，精選、節錄、編輯黃阿寬所著《白陽真詮》自性篇第一卷（如下圖）為修持指南，提供天元道脈有緣同修深入經藏，覺知自性自度，以建立無極法門核心價值與修行的宗旨目標。

天元道脈聖門道觀教育團隊承擔教育任務，精選、節錄、編輯黃阿寬所著《白陽真詮》自性篇第一卷為修持指南。（筆者攝影）

　　黃阿寬自民國 60 年（1971）承接八八天命（又稱一元天命、道元天命、爸爸天命），接著，於民國 81 年（1992）完成三台道場硬體建設，再於民國 84 年（1995）成立聖門道觀啟開軟體教育，著作無極開元《三卷無字天書》之無極開元八部經、《白陽真詮》自性法門等無極道藏。自此，聖門道觀北、中、南各區全體教育團隊，全面推動學習「無極自性法門」，以身作則落實道家修行法門，自性自度以成道為宗旨，自民國 111 年 2 月 8 日起正式在各

區單元道場及未來新的道場開課，以《白陽真詮》自性篇第一卷為上課基準教材，引導各道場有緣群英弘揚修行正統無極開元法門。

# 二、聖文開示道家性命雙修

黃阿寬聽天由命所降聖文的體例，多為藏頭詩，係以勸人修煉為上，即「詩以載道」，主旨在訓示天元道脈信徒。至於其所宣明的道理：「最初以儒教來立本，以明白人倫之常；繼之以道家為入門，以明修煉之法；最終以釋教為極則，以體驗太虛。」質實言之，就是「以孔子的三綱五常為立本，以老子的修心煉性為入門，以釋迦的虛空本體為極則。」

以進道家為基了願了命，道體育納萬象生生不息。
爲之道家修持無極法門，家為聖凡合一不二法門。
則分道家道教一體兩面，修得性命齊全得一回鄉。
命為三合歸一靈覺性圓，以天為體則為天體合一。
天為大週人為小週知覺，爲此結成天人合一為基。
體納一二三三二一歸宗，則行三三三靈覺性隱居。

　　修性本來面目自性為中，性相合一中道而行得一。
　　為此性命雙修不二法門，之等性命聖凡平行任命。
　　性為本來弗性下世娑婆，命為外王玄妙借假成真。
　　雙修法則智靈為基得玄，修真煉性三合天體合一。
　　（《白陽真詮‧自性篇》頁 104）

　　此一藏頭詩歸結每句句首為「以道為家則修命，以天為體則修性，為之性命雙修。」開宗明義即規勸天元道脈同門須以道家性命雙修為不二法門，借假修真靈覺性圓，以恢復本來面目天人合一。

　　八方真炁聚爐中，卦爻轉變運五行。
　　爐熱轉化幾十年，中道如生至善顯。
　　起霧運行東西炁，祥炁育生眾生靈。
　　煙中浮出萬象形，嬰乾由此開原現。
　　兒靈天真如意行，姹坤合一兩相連。
　　女相化玄天一盟，兩儀合一生又生。
　　相性由此合一體，連貫傳宗幾千年。
　　（《白陽真詮‧自性篇》頁 8）

　　這首聖文藏頭詩，從羅列詩的第一個字即成：「八卦爐中起祥煙，嬰兒姹女兩相連。」這裡所要表達的意思，說明了丹道修煉人身如八卦鼎爐，而乾坤交媾、性命雙修的開示。根據天元道脈聖門道觀《白陽真詮》名詞略注提到：嬰兒代表乾男，其數為九，九屬陽；姹女代表坤女，其數為六，六屬陰。所以，據其解釋引申出「嬰兒姹女兩相連」，即表示丹道修煉的「乾坤交媾」、「陰陽交媾」，而命屬陰，性屬陽，一陰一陽，一體一用，乾坤交媾亦即性命雙修之意。

> 未來空一真元本來面目，來去自如無來無去如行。
> 之等無上界頂元天故里，道包萬象六合之中生存。
> 自性圓明以天同參樞紐，已在婆婆生生不息千載。
> 耕轉六道之中輪迴不息，超生之道逢此佳期超生。
> 生在此會丁酉二六轉盤，了願了命圓成累世業識。
> 死相代代不同凡境假相，一開無始之今得一者何？
> 切記道元之經來去自如，空一不二真元顯現歸元。
> 歸元之道聽天由命行使，元者本也瑤鄉故里綿綿。
> 鄉在無上萬星拱照故里。
>
> （《白陽真詮・自性篇》頁 90）

空靜無始之始為玄玄，一字開天玄玄懷胞中。

無中生有造化六合宗，一點真元之炁運天經。

物質假象牽連顛倒顛，真吾弗性隱藏候天命。

元光一點下世今世生，本來弗性不覺化白蓮。

自悟覺知此會逢三聖，性真返璞歸真迴瑤天。

覺自心性還光歸覺路，知識返觀自照智慧生。

歸元故里明燈引道經，元元一炁光能返六先天。

路程雖遠近在六合中，六者東西南北中下中。

合而為一包羅天外天，微妙自生不覺大自然。

沙藏金剛光能化白蓮，中無一物以玄還元天。

（《白陽真詮・自性篇》頁108）

　　前一首詩每句句首總結為「未來之道自己耕，超生了死一切空，歸元鄉。」意思是說未來之路還是得自己耕耘，此刻就有一個超生了死、視一切為無物的修持之道，正可供參照與實踐，這真是一條恢復本來面目、回歸元鄉的大道，道法自然修在己。所以，接下來一首詩歸結為「空一無一物，真元本自性，覺知歸元路，六合微沙中。」意思就是說，天元道脈依上天降下的無極法門修持，讓大家都能返本還元，即應用無極法門達到萬法歸一、一

歸無始之始、空一真元的境地。如何達到空相？就
是來到此世了脫因緣果報之後，一步一步行使教法
修持，以期真正入聖，才能達到圓明見性究竟之目
標，能達究竟，則彌滿六合與天同參矣。

# 柒、結 語

　　眼下台灣人的最大懸念，就是下屆總統屬誰及兩岸會否開戰二件大事。第一件大事，就是 2024 總統大位究竟屬誰？到底是賴清德還是侯友宜，抑或是柯文哲、郭台銘，還是另有其人呢？第二件大事，就是兩岸到底會不會打仗，而鹿死誰手呢？這兩件大事，大家都把心思動到黃阿寬身上，寄望這位前輩靈乩能通靈甚至通天，進而以一個「先知」的角色預告國運，最後公布周知！

　　無論中外媒體線乎天天在播報，這個將領那個專家振振有詞地預測台海戰爭爆發在 2025、2027、2032 年不等，大家都在尋找預言家公布答案，以求心安。

　　「大家攏講兩岸會戰爭，袂啦！搭是麥安那打？」

「恁叫是習近平無咧做代誌哦，伊嘛有餒，伊領大同命呢，有在做啦，只是恁毋知影而已！」黃阿寬對信眾所發問題平穩而鎮定地回答說。

民國 112 年（2023）2 月 11 日早上，筆者因有「三期末劫」與「龍華科期」的問題親上天明宮向黃阿寬請益。出於剛剛開車到北宜路上的愚人精舍，開門的師兄說住持不在舍裡而在下面的天明宮，於是筆者停好車步行轉向山下天明宮，一到福圓精舍，見黃阿寬坐在籐椅上正在為信眾開示講話。剛走到他身旁，就聽到他的驚天一句，震撼我心！

究其實，2019 年末中國武漢爆發新冠肺炎（亦稱 COVID-19、武漢肺炎等）之前，習近平靠著打貪、打奢及全民富裕等口號政策，有了 90%民意支持度，確實讓人刮目相看，黃住持對信眾的開示，原是有所本的，並非無的放矢。至於未來兩岸情勢會如何發展，黃阿寬依舊是一句：「上天自有安排啦！」

# 一、總統誰屬：雙雄贈匾各表心跡

眼下市面上大家最關心的話題，莫過於 2024 年究竟誰能登上總統大位？怎料正值大家數人頭猜測之際，黃阿寬所降筆的一則聖文劃破長空驚天一出：「下元八白，坤佔乾位，歷史重演（多年前降文，農曆 110 年 12 月 5 日即國曆 1 月 7 日再降）。」著實為台灣政壇投下震撼彈！大家都把目光集注到黃阿寬身上，盼他能先知作預言，於是，政壇上重量級人士與黃阿寬的交陪情況，也就格外引人注目。

最讓大家眼睛一亮的是：新北市長侯友宜於 2020 年 12 月 26 日參拜淡水天元宮並贈匾題為：「統御萬靈」。緊接著，副總統賴清德也不甘示弱，於 2021 年 1 月 12 日賴清德到天元宮參拜並贈匾題為：「湛恩溥被」。巧的是，侯前腳走，賴後腳隨之而到，雙雄贈匾，意欲何為？大家懵了，於是傳言四起。

雙雄贈匾的動作，讓筆者不禁想起劉邦和項羽楚漢相爭的故事。遙想當年，秦始皇東巡宣示國威，項羽和劉邦見了各說了一句話，不但表現了兩

人不同的性格，也註定了兩人最後的成敗。項羽說：「彼可取而代也！」劉邦則謂：「大丈夫當如此矣！」如今，侯友宜題匾：「統御萬靈」；賴清德題匾：「湛恩溥被」，侯、賴與劉邦和項羽所說的話兩相對照，是否有異曲同工之妙，值得玩味。

賴清德副總統贈匾淡水天元宮。
（資料來源：無極天元宮提供）

新北市長侯友宜贈匾淡水天元宮。
（資料來源：無極天元宮提供）

　　賴清德的匾詞題為「湛恩溥被」，湛恩意即深
恩，溥被意為普遍被覆，湛恩溥被就是深恩廣被之
意。侯友宜題詞為「統御萬靈」，統御意謂統領、
統率，統御萬靈即統領萬眾生靈。不管是對天元宮

也好，對黃阿寬也好，兩匾同樣是稱之頌之為「九五至尊」的題詞，也同樣都是展示個人企圖心的頌詞，但實際上背後所透露的性格各異。湛恩溥被，是恩澤普施而受百姓感戴；統御萬靈，未必施以恩澤而統領之，兩者相較，前者王，後者霸，王霸之辨立判。不禁讓我想起孟子的話：「以力假仁者霸」又「以德行仁者王」！從字面上看，賴是「以德服人，而侯是「以力假仁」。至於後效呢？我們且拭目以待！

　　若與台中大甲鎮瀾宮、台北大龍峒保安宮等「選舉必拜廟」比起來，淡水天元宮的份量確實難以匹敵。但有一個奇特的現象是，鎮瀾宮、保安宮等大廟的重頭戲是在選前，而淡水天元宮的重磅戲份卻在選後，也就是說，各路總統「候選人」在選前拼命拜鎮瀾宮、保安宮等大廟，選後總統「當選人」卻相繼贈匾淡水天元宮，而廟方就慎重其事地懸掛在真元天壇。

　　淡水天元宮的真元天壇為五層建築：第一層懸掛「真元天壇」匾額；第二層懸掛「無上旨」匾額；第五層懸掛「真元」匾額，五層聖殿稱為「五陞」，乃應此元會三曹對案在人間辦理歸宗之大道場。

　　黃阿寬透露，台灣全民直選總統自李登輝開始，每一任都來贈匾，廟方就將匾額懸掛在真元天壇，依照順序：第一層掛李登輝總統、連戰副總統；第二層掛陳水扁總統、呂秀蓮副總統；第三層掛馬英九總統、蕭萬長副總統；第四層掛蔡英文總統、賴清德副總統；第五層目前是空置的，待民國 113 年（2024）新一任總統、副總統選出後，再行贈匾、掛匾。至於，前行政院長蘇貞昌及時任新北市長也是國民黨提名的下屆總統候選人侯友宜，也有贈匾來，只是把所贈匾額掛在救世堂內，不在真元天壇。

　　根據黃阿寬的說法，自李登輝榮任台灣全民直選第一任總統之後，每一屆總統當選人都來贈匾，而且是他們自己送過來的，不是淡水天元宮請求的。經宮內主事者討論決議，就將各總統當選人的匾額懸掛在真元天壇以示尊重之意。筆者曾私下偷偷問黃阿寬，對於真元天壇第五層究竟會掛上誰的匾額？黃住持並未正面答覆，只是喃喃自語地說道，他是比較看好賴清德和蕭美琴搭檔的這組可能的候選人。因此，2024 年究竟那一組候選人能順利當選，然後贈匾淡水天元宮，如願掛上真元天壇呢？黃阿寬還是那一句老話：「上天自有安排！」

# 二、黃阿寬：習近平「半套」大同命

　　走出愚人精舍門檻，庭中鮮紅的茶花盛開，點綴在裊裊嵐氣之中，靜謐的夜色透著些許寒意。黃阿寬住持送筆者出門，筆者走在前頭，突然聽到他從口中蹦出一句：「伊作半套！」

　　「啊，誰？半套？習近平嗎？」筆者立馬止步，猛然回首並發出驚天一問。可惜黃阿寬並未多作解釋，只是默默無語送筆者到門口。筆者開車下山回家，途中一直反覆思量他的話，不得其解……。

　　根據黃阿寬長久以來的表述，原來，龜靈承領大道命，蛇靈承領大同命，更具體地講，對岸大陸接的是大同命，也就是說「世界大同」要在大陸上實現；台灣領的是大道命，也就是說大道文化傳續要在寶島台灣上實現。龜、蛇靈石的出世，所代表的意義，就是兩岸交流融合的工作。然而，兩岸融合交流，並不意味著兩岸統一。黃阿寬指稱習近平對「大同命」只作半套，是不是取決於民主與獨裁呢？這件事，只好等著以後的歷史來證明了。

　　黃阿寬表示，他是被對岸列入黑名單不受歡迎的台灣人，可是之前每次前赴大陸，最終還是給他

落地簽證，准許他入境，他也不知道為什麼。歷年來，大陸當局派遣了十幾撥人員來台請見，其中不乏政府機關、黨務人員，大陸學者以詹石窗、李遠國等來訪最勤快，其中詹石窗為編輯《中華續道藏》，還特別聘黃阿寬為編輯委員，意在天元道脈的《白陽真詮》，可是黃阿寬沒有同意。

## (一)習近平大興東獄大帝與東獄觀（廟）

　　中共二十大之後，大陸領導人習近平已取得無限期延任之路，其權力已攀上頂峰，確定可無限期續任國家主席而終身掌權，已圓成其「皇帝夢」矣哉！在此同時，中共的新宗教政策也悄然改弦更張，由消極轉為積極，例如：江澤民時代打壓抓捕法輪功成員的由下往上、由點而面的打擊，轉而為由上及下的廣佈、控制。最明顯的動作，就是各地東獄廟（觀）的崛起。換言之，習近平政權的宗教政策，將由未端的打壓與抓捕，改為源頭上的控制與肅清，更進一步說，與其讓它超生之後為禍人世間，不如就在投生之前予以掌控。職此之故，掌理生死大權的東獄大帝之神格地位超凡了。

東嶽觀主祀東嶽大帝，清朝加封
仁聖大帝。（筆者攝影）

莆田東嶽觀牆上高掛中央總書記習近平《告台灣同胞書》五點主張。（筆者攝影）

　　東嶽觀主祀東嶽大帝，東嶽大帝又稱泰山神，在傳統宗教信仰上，祂是上天與人間溝通的神聖使者。歷朝各代，泰山是很多人間帝王祭天的場所，是帝王受命於天，治理天下的保護神。《三教源流搜神大全一書中就有提到：「泰山者，乃群山之祖，五嶽之宗，天帝之孫，神靈之府也！」秦漢之前，古人認為泰山為「峻極之地」，是人與天相通聯的神地所在，對祂特別崇拜畏敬，此之謂泰山之神即東嶽大帝。

　　在中共新一代宗教神學演繹裡，東嶽大帝只有一個，全權執掌幽冥地府，統領十殿，主管世間一切生死大權。這也就意味著，地府最高領導者就是東嶽大帝，然後才是十殿閻王。

　　創建於元代至元二年（1336年）的莆田東嶽觀，位於莆田市涵江區江口鎮新街中心，創建之初名為「佑聖觀」，明代永樂十一年（1413年）重修，後傾圮。明萬曆三十七年（1609年），莆田知縣何南金重建，改名為「東嶽觀」。其後清代、民國又多次重修，近年來在海外人士熱心捐資全面修繕下，古觀才有今日的面貌。

　　莆田東嶽觀何以會受到如此看重？這是有原因的。據傳，今日中國大陸的廟宇、醫院經營得最為成功的團隊，當屬莆田一系，至今仍無人出其右。醫院方面，我們暫且先按下不表。在廟宇方面，莆田人經營得最出色的顯例，莫過於創建於南朝陳永定二年（558）的莆田廣化寺。1983年，被國務院確定為漢族地區佛教全國重點寺院；1990年，再被中國佛教協會列為三座全國樣板寺廟之榜首。

　　莆田廣化寺聲名之鵲起，乃得自該寺原方丈釋學誠。釋學誠是莆田人，擁有研究生學歷。1989年

僅 23 歲的釋學誠就被推舉擔任福建莆田廣化寺方丈，曾是大陸漢傳佛教寺院中年紀最輕、學歷最高的方丈。2005 年，釋學誠出任北平龍泉寺方丈，2015 年出任佛教協會會長。2008 年釋學誠當選全國政協常委並連任迄今。2018 年 3 月，釋學誠還升任全國政協民族和宗教委員會副主任，隨著他的官運亨通，莆田廣化寺的聲名地位也水漲船高，傲視群倫。

由此可見，莆田人非常擅長經營宮廟寺院，除了本身學養豐富、能力超群之外，最重要的，是很會經營黨政高層關係，以致在宗教發展上無往而不利。

## 三、從劉培中到黃阿寬 VS 從「抗中保台」到「和平保台」

台灣靈乩從劉培中到黃阿寬，歷經數十年的發展、試煉，歲次癸卯年（2023）正式啟動「人盤」的行政工作。黃阿寬說：「人盤的工作，就是兩岸的工作。」因此，台灣社會如何調整兩岸的關係，自然也由「抗中保台」進入到「和平保台」！

　　九合一大選慘敗的民進黨在深自檢討後，其兩岸論述由「和平保台」取代「抗中保台」！副總統賴清德、代主席陳其邁不約而同地拋出「和平保台」的主張，逐漸成為黨內新共識。此一轉變，除了受到最新民意的壓迫之外，最重要的是時勢比人強，歷經壬寅年（2022）世界動盪不安、兩岸關係冰點的情勢之後，癸卯年（2023）人盤工作啟動，兩岸關係自然而然要走到融冰、緩和的地步，和中、化解敵對以確保兩岸關係的和平發展，此乃天運所趨，也正是黃阿寬的諄諄告誡之語。

　　2022 年 12 月 14 日在張榮發基金會國際會議中心（台北市中山南路 11 號 11 樓）舉行 2022 年《中道高峰會論壇》展開〈中道、王道與霸道高峰對話〉，係由中華中道領導文化總會所主辦，會中由該會理事長陳樹發表主題演講，講題為〈中道 21 世紀最佳出路〉，標示共存、共榮、共贏、共好的願景。當日，包括有施振榮、王金平、許舒博、林蒼生、許士軍等政商名流匯集，人數超過 300 人，副總統賴清德、新北市長侯友宜也赫然在列聆聽演講。與會人士均極力倡議中道，以符合時代所需。

　　黃阿寬回憶說，當天刻意低調坐在後排，不想讓人發現，怎料還是被眼尖的熟人認出來了。因為疫情嚴峻，他隱忍了三年，蟄居在石碇天明宮愚人精舍，如今壬寅年過去了，緊接著癸卯年到來，「人盤」行政工作將著手展開。

　　黃阿寬回憶，中華大道基金會賴宗賢原掌「人盤」，法名賢德，他買了 5 甲地想設立道教學院，一切條件率皆符合，唯獨缺少博士教授一項。於是，他前赴大陸成都大學就讀宗教研究所，想拿個博士學位回台用來創校。孰知因生活在四川，飲食過度麻辣，把胃給搞壞了，回台後旋即病逝，壯志未酬，「人盤」的捧子就交接給蕭天瓚，他非常勤肯認真，做了不少事，常到石碇天明宮來找黃阿寬，幾乎每個星期固定來一次。後來，也因積勞成疾往生了，「人盤」的任務就交給王金平。此項任務，是黃阿寬親手「授命」給王金平的，並將上天賜與的法名「賢宗」授記給王金平，自此，王金平就承命執行「人盤」的職使。

　　至於，倡議「中道主義」的陳樹，絕非橫空出世，而是天命（運）所趨。黃阿寬表示，現今王金平執掌「人盤」，就順理成章地把陳樹介紹給王金

平擔任秘書長。陳樹如今每個星期都會上山來請益，從下午兩點一直待到晚上十點才離開。

　　近年來坊間盛傳一則淡水天元宮的上天所降聖文——「下元八白，坤佔乾位，歷史重演」的釋出。此則聖文意謂：下元八白即八白艮運，八白艮運即民國 93 年至 112 年（2004-2023）。對應台灣而言，2004 年至 2023 年間是「坤佔乾位」的年代，意謂台灣政壇會出現「女總統」（即蔡英文），重演唐朝出現武則天坤佔乾道的歷史，她是我國歷史上「第一位」也是「唯一」的女皇帝。同樣的，台灣也出現第一位女總統，但也是唯一一位女總統。接下來，台灣政壇將會回歸「乾綱獨運」的年代，換言之，八白運後續的下元九運（2024-2043）台灣將進入「男性總統」執掌乾坤的時代！此聖文的出世，在「後蔡英文時代」即將來臨的當口，格外引人注目，也讓台灣靈乩的名聲竄起。

　　由於這一則聖文的流傳，政治人物爭相造訪淡水天元宮及開山住持黃阿寬，贈匾者有之，問訊者有之，各路人馬皆沖著這則聖文而來，問鼎大位之心，路人盡知。然而，若問下屆總統大位究竟誰

屬，黃阿寬回答說：「嘸知！」不過，縱然如此，台灣靈乩的地位卻已然水漲船高了。

## 四、從邱國正的「宮廟義勇軍」到林右昌的「宮廟大整頓」

現任國防部長邱國正，在其擔任國安局長期間（2019 年 7 月至 2021 年 2 月），就透視了對岸中共對台灣宮廟的滲透利用，於是積極布署反制作戰計劃，提出成立「宮廟義勇軍」一案，可惜正當展開行動作業之際,總統府卻於 2021 年 2 月發布邱國正改任國防部長，由陸委會主委陳明通接掌國安局，宮廟義勇軍一案就嘎然而止、胎死腹中。

2021 年 2 月接任國安局長的陳明通是文人教授、政治學者，圓通有餘而見識不足。他曾因說出「拜佛祖是精神信仰，人類只顧物質生活與禽獸無異」的「禽獸說」，引發韓粉強烈不滿，後雖公開道歉卻餘波盪漾。然而，他終究不懂宗教也沒能深透兩岸情勢，卻是新官上任三把火，一股腦地推翻前人的舉措，使得「宮廟義勇軍」這項防微杜漸的防護罩，一夕破功，殊為可惜！

　　殊不知，台灣大部份宮廟寺院均分靈自大陸，神緣較之血緣，更容易被對岸操弄與利用，邱國正組織宮廟義勇軍絕對不是無的放矢。例如 2017 年 7 月 23 日的「反滅香事件」，在有心人士的操弄下，全台上百間宮廟上萬人集結上凱道抗議政府的「減香」措施，一樁「不平之鳴」竟然發展成百尊神明上凱道，把政府的「減香」扭曲為「滅香」政策！雖然最後經府院黨勸導後，抗議行動改為宗教嘉年華遊行，但其背後的成因與謀劃的別具用心，值得執政者戒。

　　新的內政部長林右昌上任之後，宮廟及宗教組織團體納入「合作及人民團體司籌備處」所管轄。「合作及人民團體司籌備處」係為辦理原社會司社會團體、職業團體、合作事業及農民健康保險業務成立之任務編組。據不少宮廟及社團法人反映，今年以來內政部對宗教團體的管理有漸趨嚴格的態勢，此舉對近年來民間宗教團體所衍生出來的一些亂象，應該有正面廓清令行禁止之效，大家都期待政府能拿出魄力加以導正。

# 參考書目

## 經典文獻

1995《中國道教大辭典》。北京：中國社會科學出版社。

## 期　刊

李峰銘　2013〈這點靈，何住所？對臺灣民間「會靈山」一語及其宗教傳統的闡釋〉，《臺灣文獻》64(3):35-76。

## 專　書

劉培中　1973《仙宗要義講記・第二卷》。台北市：中國社會行為研究社。

黃阿寬　2022《白陽真詮・自性篇第一卷》。新北市：無極天元道脈聖門道觀。

## 碩、博士論文

彭嘉煒　2014《台灣全真道的現況與發展：以謝光
　　　男、巫平仁、陳理義為例》。輔仁大學宗教所
　　　碩士畢業論文。

## 研討會論文

李峰銘　2008〈如入靈山不為動：淡水無極天元宮
　　　之靈乩觀點的一種揭示〉，「『宗教經典詮釋
　　　方法與應用』學術研討會」論文集，頁
　　　113-124。

## 網站資源

維基百科：https://zh.m.wikipedia.org/zh-tw/。

# 後 記

　　台灣會靈山發展史上，最終儘管二十八聖留一
仁，但我們仍要向台灣前輩靈乩致敬！有了他（她）
們粉墨登場，才讓台灣靈乩界發光發熱，舞動出燦
爛奪目的「台灣靈乩」詩篇。台灣會靈山運動，從
劉培中到黃阿寬，才會如此精采無比！

　　方李霞由金母崇拜轉而改宗的木公系統，隨著
其弟李訓南的過世，以及新生慈惠堂已然無人管
理，這條靈脈後繼無人，面臨斷絕的命運。至於啟
建之初，由楊傳廣背負上來的神尊，兀自孤獨地伏
坐在神龕上，滿目蕭然，面臨著乏人參拜的窘境，
終將湮沒在時間的洪流之中。

　　自稱上天老師的陳玉霞於 58 歲往生之後，所
謂的菊元道脈也慢慢地在靈乩界中銷聲匿跡，被她
的許姓弟子借殼上市，轉為靈學研修中心，已非正
宗陳玉霞所屬道脈的教理、學說。儘管石門妙法寺

的廟公阿水伯一直堅稱陳玉霞沒死，隨時可從地下棺槨中走出來救世。但是，隨著近年來妙法寺已無辦事祭解，逐漸隱沒在裊裊煙嵐之中，空留八卦樓矗立在燈火闌珊處。

黃阿寬隨著越來越高齡，在天元道脈的地位也越來越崇高，儘管天元道脈一再對外強調體系內不稱師、作祖，但隨著道脈組織越來越龐大，信徒向心力越來越凝聚，黃阿寬最終被推上神壇是指日可待的事。「譬如北辰，而眾星拱之。」道脈宗派領袖被拱上神壇的造神運動，一直是各宗教團體成員汲汲營營的救贖之道。

黃阿寬是台灣靈乩發展史上最是活生生的見證，甚至是史詩級的典範人物，而不是歷史人物。歷史人物是死無對證的，但也不能太過神話化；活著的人物是有案可查的，絕不容許歪曲事實、是非不分，有些學界人士早已先入為主地將心中那把尺給擺斜了，不敢親見採訪這位對象當事人，來個機鋒相對，直球對決，只敢一騁口舌之快、隔靴搔癢，甚至寫出錯誤的文章誤導大眾，實在不足為訓。

近年來黃阿寬的聲名鵲起，除了他是紹承劉培中所交付聖命的正統靈乩，還肩負著先知的預斷角

色，是解除台灣人的懸念之希望所繫。

　　台灣人的懸念掛著兩件大事，首先是兩岸到底會不會戰爭？很多坊間說道台海戰爭爆發可能在2025、2027、2032，不一而足。其二，是台灣下一任總統大位究竟屬誰？針對這兩大問題，黃阿寬只是雲淡風輕地回答道：「聽天由命，上天自有安排啦！」

### 早期台灣靈乩大事紀年表（表二）筆者製表

| 西元年份 | 民國年份 | 主要代表神佛、人物 | 大事紀 | 備　考 |
|---|---|---|---|---|
| 1949 | 38 | 劉培中 | 自崑崙帶來「九宮白陽聖命」，後交付黃阿寬繼續運作 | 先總統蔣介石國師。 |
| 1949 | 38 | 西王母娘娘（瑤池金母） | 初次降世顯靈於花蓮勝安宮（初為勝化堂） | 後一分為二，即勝安宮及慈惠堂。 |
| 1956 | 45 | 五老，即東方（木公）東華帝君、西方（金母）西華帝君、南方（赤精） | 大道降旨蓬萊林邊道一宮 | 台灣靈乩的筆始，才開始有無極法門。 |

| | | 南華帝君、北方（水精）北華帝君及中央（黃老）中華帝君 | | |
|---|---|---|---|---|
| 1975 | 64 | 劉培中仙逝 | 將九宮白陽聖命直接交付給黃阿寬 | 非由陳玉霞交付 |
| 1978 | 67（端午節） | 三霞二黃及各地靈乩們 | 淡水天元宮靈光大會 | 乃眾靈乩會照而非鬥法。 |
| 1979 | 68 | 王諸回逝世 | 淡水天元宮靈光大會後首位過世靈乩 | |
| 1979 | 68（端午節） | 陳玉霞逝世 | 汐止養鴨場 | 食棕子噎死。 |
| 1981 | 70（農曆 7 月 7 日） | 方李霞逝世 | 洗腎、病歿 | 紫天宮交由其弟李訓南管理 |
| 1999 | 88 | 許秋霞逝世 | 68 年農曆 9 月 9 日摔斷腿 | |

# 天元道脈聖門道觀《白陽真詮》名詞註解(表三)

資料來源：天元道脈聖門道觀　提供

| 名　詞 | 註　解 | 備考 |
|---|---|---|
| 一元 | 太陽、蓋天、獨生、玄童、金元、金烏、鳳凰等尊稱。 | |
| 二鎖 | 天鎖─先天性─修日月合其明。地鎖─後天命─修陰陽兩儀合而為明。 | |
| 三極 | 無極、太極、皇極 | |
| 三天 | 理天、氣天、象天 | |
| 三皇 | 天皇、地皇、人皇 | |
| 三界 | 欲界、色界、無色界 | |
| 三陽 | 青陽、紅陽、白陽 | |
| 三教 | 儒教、道教、釋教 | |
| 三相 | 名、利、權 | |
| 三世因果 | 前世、今世、來世 | |
| 三世因緣 | 前前世、前世、今世 | |
| 天之三寶 | 日、月、星 | |
| 地之三寶 | 水、火、風 | |
| 人之三寶 | 精、氣、神 | |
| 三鎖 | 天鎖、地鎖、家鎖 | |
| 三極法門 | 無極法門、太極法門、皇極法門 | |

| | | |
|---|---|---|
| 三真 | 道真、理真、天命真 | |
| 三玄合一 | 一元復聖、一炁玄童、大日如來 | |
| 三陽合一 | 一炁獨生、蓋天元明、大日如來 | |
| 三山 | 大屯山、七星山、面天山（三山化為蓮花山） | |
| 三台道場 | 元：無極天元宮（南天行政、執法、考核）、明：無極天明宮（行政、執法、教育）、真：無極真元天壇（考核萬象靈） | |
| 無上三聖 | 玄玄一炁、一炁玄童、道德天尊 | |
| 三清道祖 | 玉清：元始天尊、上清：靈寶天尊、太清：道德天尊 | |
| 三主母 | 天母：瑤池金母、地母：虛空地母、人母：九天玄母 | |
| 收圓三佛 | 無上佛、無上元、無上真 | |
| 龍華三會 | 龍華初會、龍華二會、龍華三會 | |
| 聚元三聖佛 | 燃燈古佛、釋迦牟尼佛、彌勒尊佛 | |
| 三期掌天盤 | 青陽期：燃燈古佛（1500年）、紅陽期：釋迦牟尼佛（3000年）、白陽期：彌勒尊佛（10800年） | |
| 白陽三聖佛 | 南無天元太保阿彌陀佛、南無當來下生彌勒尊佛、南無天元無上玄元聖佛 | |
| 金雞三唱 | 金雞：金元、金烏、鳳凰、一元、獨生、太陽之意。 | |
| 三魂七魄 | 三魂即天靈、地覺、人性。七魄即後天之氣，自然產生在周身，亦是地水火風的結晶。 | |
| 三性合一（三三歸一） | （天）靈清、（人）性明、（地）覺忠行 | |

| 三統 | 血統（即意命＝動）、系統（即使命＝靜）、道統（即天命＝空）。 | |
| --- | --- | --- |
| 五行 | 金：屬西方其色白、木：屬東方其色青、水：屬北方其色黑、火：屬南方其色赤、土：屬中土其色黃。 | |
| 五術 | 山、醫、命、卜、相 | |
| 五常 | 仁、義、禮、智、信 | |
| 五倫 | 君臣有義（君正臣忠）、父子有親（父慈子孝）、夫婦有別（夫唱婦隨）、兄弟有序（兄友弟恭）、朋友有信（言而信實） | |
| 五教教主 | 道教：李伯陽（老子）、儒教：孔仲尼（孔子）、釋教：釋迦牟尼佛、耶教：耶穌基督、回教：穆罕默德 | |
| 五教傳法 | 道教：修心煉性、抱元守一。儒教：存心養性、執中貫一。釋教：明心見性、萬法歸一。耶教：洗心移性、默禱親一。回教：堅心定性、清真返一。 | |
| 五嶽 | 東嶽泰山（山東）、西嶽華山（陝西）、南嶽衡山（湖南）、北嶽恆山（山西）、中嶽嵩山（河南） | |
| 六合 | 東、西、南、北、上、下。 | |
| 六道 | 三善道：天道、人道、阿修羅道。三惡道：畜生道、餓鬼道、地獄道。 | |
| 六根 | 眼、耳、鼻、舌、身、意 | |
| 六塵 | 視、聽、嗅、嚐、覺、知 | |
| 六欲 | 色、聲、香、味、觸、法，人之六欲。 | |
| 六識 | 眼識、耳識、鼻識、舌識、身識、意識 | |
| 七祖 | 父、祖父、曾祖父、高祖父、太祖父、玄祖父、顯祖父 | |

| 八風 | 稱、譏、苦、樂、利、衰、毀、譽（稱讚、譏諷、受苦、受樂、利益、衰耗、毀謗、榮譽） | |
|---|---|---|
| 八八天命 | 又稱一元一命、道元天命、爸爸天命 | |
| 八難 | 人身難得（今世為人）、中華難生（生在蓬萊台灣）、大道難逢（普渡收圓）、明師難遇（一元明燈）、天命難隨（八八天命）、真詮難聞（白陽真詮）、三會難開（龍華三會）、宗元難歸（瑤池元鄉） | |
| 九玄 | 子、孫、曾孫、玄孫、來孫、昆孫、仍孫、雲孫、耳孫 | |
| 九天（南天關） | 九天乃是無極與太極的分界。 | |
| 九六原靈 | 表示娑婆萬象元靈。九屬陽，代表乾男（嬰兒）。六屬陰，代表坤女（姹女）。 | |
| 九品蓮台 | 蓮台是以自性光能分為上、中、下各三品（上上品、上中品、上下品）、（中上品、中中品、中下品）、（下上品、下中品、下下品） | |
| 九老（四方合五老） | 四方（東、西、南、北）<br>東方：太陽、西方：太陰、南方：玄靈高上帝、北方：北極玄天上帝<br>中央五老：<br>東方（木公）東華帝君、西方（金母）西華帝君、南方（赤精）南華帝君、北方（水精）北華帝君、中央（黃老）中華帝君 | 五老立中央，九老合一辦收圓 |
| 十六字箴言 | 心結打開、一視同仁、心平氣和、中道而行 | |